60 Ansprachen mit Symbolen
für Trauergottesdienst und Beerdigung

Veröffentlichungen von Willi Hoffsümmer im gleichen Verlag

Für die Gottesdienstgestaltung

Bausteine für Familiengottesdienste. Die Evangelien der Sonn- und Feiertage in Symbolen, Geschichten, Spielen und Bildern – Lesejahr A (^{3}1998); – Lesejahr C (^{2}1995); Bausteine für Familiengottesdienste. Besondere Anlässe im Kirchenjahr ... (1996); 3 x 7 Bußfeiern mit Gegenständen aus dem Alltag (^{2}1996); Umkehr. 25 Bußfeiern ... (1996); 5 x 7 Ideen für Familiengottesdienste durch das Kirchenjahr (^{3}2003); Familiengottesdienste für die Lesejahre A–C. Mit Symbolen und Geschichten (^{2}2003); 3 x 11 Ideen für Familiengottesdienste durch das Kirchenjahr (2004); 111 Ideen für Gottesdienste und Feiern mit Senioren (^{2}2005); Der Natur abgelauscht. 115 Bausteine mit Symbolen für Familiengottesdienste (2005); 35 Ideen für Familiengottesdienste durch das Kirchenjahr (2007); Maria zu loben. Das große Werkbuch für Gottesdienst und Gemeinde (2007); 21 Aufnahmefeiern für Ministrantinnen und Ministranten. Mit Zeichen und Symbolen (2007); 63 Bausteine für Familiengottesdienste in der Advents- und Weihnachtszeit (2007); 17 Bußfeiern mit Gegenständen aus dem Alltag (2008); 2 x 37 Symbolpredigten. Mit Gegenständen aus dem Alltag (2009)

Zeichen- und Symbolpredigten

Anschauliche Predigten für Kinder-, Jugend- und Familiengottesdienste (^{5}1993); 144 Zeichenpredigten durch das Kirchenjahr. Mit Gegenständen aus dem Alltag (^{7}1998); 99 Kinderpredigten (^{4}1996); 133 Kinderpredigten (^{9}1996); 88 Symbolpredigten durch das Kirchenjahr (^{2}1995); 9 x 10 Symbolpredigten durch das Kirchenjahr (^{2}1999); 70 Symbolpredigten für Familiengottesdienste durch das Kirchenjahr (2002); 7 x 12 Symbolpredigten für Familiengottesdienste durch das Kirchenjahr (2005); 33 Predigten über das Wunder der Heiligen Nacht. Mit Geschichten und Symbolen (2008); 2 x 37 Symbolpredigten. Mit Gegenständen aus dem Alltag (2009); 60 Ansprachen mit Symbolen für Trauergottesdienst und Beerdigung (2009); 3 x 12 Predigten zu Lebenswenden. Taufe – Hochzeit – Beerdigung (2009)

Geschichtensammlungen für die Gemeindepraxis

Kurzgeschichten 1: 255 Kurzgeschichten für Gottesdienst, Schule und Gruppe (^{23}2008); Kurzgeschichten 2: 222 Kurzgeschichten ... (^{15}2008); Kurzgeschichten 3: 244 Kurzgeschichten ... (^{13}2008); Kurzgeschichten 4: 233 Kurzgeschichten ... (^{10}2008); Kurzgeschichten 5: 211 Kurzgeschichten ... (^{7}2008); Kurzgeschichten 6: 155 Kurzgeschichten ... (^{2}2007); Kurzgeschichten 7: 144 Kurzgeschichten ... (^{2}2006); Kurzgeschichten 8: 177 Kurzgeschichten ... (^{2}2008); Mehr als 1000 Kurzgeschichten. CD-ROM (^{2}2001); Geschichten als Predigten (^{3}1995); In Geschichten das Leben spiegeln. 140 Geschichten für Gottesdienst, Schule und Gruppe (^{2}1999)

Geschichtensammlungen als Meditations-, Bildband oder Geschenk

Geschichten wie Schlüssel zum Glück (1998); Geschichten wie Anker der Hoffnung (2001); 365 x Zuversicht. Der Seele Flügel schenken (2003); 365 x Rückenwind. Ermutigungen für jeden Tag (2007); 365 x wolkig bis heiter. Ein Sonnenstrahl für jeden Tag (2008); 77 Herzfenster. Geschichten, die gut tun (^{2}2009)

Bücher zu den Sakramenten – mit Geschichten

Geschichten zur Taufe. Topos Taschenbuch 210 (^{5}2001); Bußgeschichten. Topos Taschenbuch 99 (^{7}1997); Kommuniongeschichten. Brot fürs Leben. Topos Taschenbuch 79 (^{19}2002); Firmgeschichten. Hinführung zur Firmung für Jugendliche und Gruppenleiter. Topos Taschenbuch 126 (^{9}1998); Und er umarmt dich. Geschichten von Schuld und Versöhnung (^{2}2002); Auf dem Weg mit Jesus. Geschichten zur Erstkommunion (2003)

Für Gruppen und Schule

27 Modelle für Gruppenstunden und Religionsunterricht (^{2}1997); Religiöse Spiele für Gottesdienst und Gruppen. Band 1 (^{6}1994); 77 religiöse Spielszenen für Gottesdienst, Schule und Gruppe (^{3}1994); 9 x 9 Spielszenen für Gottesdienst, Schule und Gruppe (^{2}1998)

Glaubensvermittlung

Von der Schöpfung, Gott und Jesus erzählen. 100 Ideen für 3- bis 7-Jährige (^{3}1998); 3 x 30 Ideen für Gottesdienst, Kindergarten und Grundschule (^{2}2003); 2 x 33 Kindergottesdienste für 3- bis 7-Jährige durch das Kirchenjahr (2006); Glaube trägt. Kleiner Katechismus für junge und erwachsene Christen (^{13}2007)

Gesamtauflage: über 1.200.000

Willi Hoffsümmer

60 Ansprachen mit Symbolen
für Trauergottesdienst und Beerdigung

g Matthias-Grünewald-Verlag

Für meine verstorbenen Eltern

Mix
Produktgruppe aus vorbildlich
bewirtschafteten Wäldern, kontrollierten
Herkünften und Recyclingholz oder -fasern
www.fsc.org   Zert.-Nr. SGS-COC-003993
© 1996 Forest Stewardship Council

Für die Schwabenverlag AG ist Nachhaltigkeit ein wichtiger Maßstab ihres Handelns. Wir achten daher auf den Einsatz umweltschonender Ressourcen und Materialien.
Dieses Buch wurde auf FSC-zertifiziertem Papier gedruckt. FSC (Forest Stewardship Council) ist eine nicht staatliche, gemeinnützige Organisation, die sich für eine ökologische und sozial verantwortliche Nutzung der Wälder unserer Erde einsetzt.

 Der Matthias-Grünewald-Verlag ist Mitglied der Verlagsgruppe engagement

Erweiterte und veränderte Neuausgabe von
»50 Ansprachen mit Symbolen für Trauergottesdienst und Beerdigung«
Alle Rechte vorbehalten
© 2009 Matthias-Grünewald-Verlag der Schwabenverlag AG, Ostfildern
www.gruenewaldverlag.de

Umschlaggestaltung: Finken & Bumiller, Stuttgart
Umschlagabbildung: © Pascal Dalstein
Gesamtherstellung: Matthias-Grünewald-Verlag, Ostfildern
Hergestellt in Deutschland
ISBN: 978-3-7867-2770-5

Inhalt

Ein Wort zuvor 9

Traueransprachen
1. Der Tod als Beginn der Reise ins Licht
   (Symbol: Sonne hinter einem Kreuz) . . . 11
2. Jesus – der Schlüssel zum Tor des Lebens
   (Symbol: Schlüssel) 13
3. Der rettende Anker *(Symbol: Anker /
   besonders Wassersportler und Seebegeisterte)* . . 15
4. Die Liebe, vom Kreuz gehalten
   (Symbol: Rose am Kreuz) 17
5. Vom Lebensbaum *(Symbol: Kreuz als Lebensbaum)* . 19
6. Im Kreuz ist Heil *(Symbol: [Schmiedeeisernes] Kreuz)* 20
7. Mit dem Serum des Auferstandenen
   *(Symbol: Äskulapstab als Kreuz / besonders Ärzte,
   Apotheker, Heilpraktiker, Rettungsdienst-Angehörige)* 22
8. Auf dem Weg zum himmlischen Hochzeitsmahl
   (Symbol: Ähre hinter dem Kreuz – besonders Landwirte) 24
9. Sich am Kreuz festhalten *(Symbol: Kreuz)* . . 25
10. Das Kreuz steht in den Abgründen des Lebens
    (Symbol: Kreuz / besonders bei tragischen Ereignissen) 27
11. Auf dem Holzweg? *(Symbol: »Behelfskreuz« aus Holz)* 29
12. Der Stein vom Grab ist weggewälzt
    (Symbol: Bruchstück Marmorstein) 31
13. Das Licht besiegt die Finsternis *(Symbol: Osterkerze)* 33
14. Anfang und Ende sei dir in die Hände gelegt
    (Symbol: Kreuz mit Alpha und Omega) . . . 34
15. Durch die Rose gesprochen *(Symbol: Rose)* . . 36
16. Nur die Liebe zählt im Buch unseres Lebens
    (Symbol: Rose auf einem Buch) 37
17. Von der Sonne, die anzieht
    (Symbol: Sonne, die sich im Wasser spiegelt) . . 39

18. Im weiß gewaschenen Gewand zum ewigen Fest
    (Symbol: Taufkleid) 40
19. Wir werden verwandelt *(Symbol: Schmetterling / besonders beim Tod eines Kindes)* 42
20. Offen sein für die Verwandlung *(Symbol: Schmetterling / besonders beim Tod eines Kindes)* 44
21. Sich an der Sonne Gottes ausrichten
    (Symbol: Sonnenblume). 46
22. Am Ende des Regenbogens sehen wir uns wieder
    (Symbol: Regenbogen) 48
23. Von der Auferstehung und den Früchten des Lebens
    (Symbole: Dürrer Apfelbaumzweig und schöner Apfel) 50
24. Vom Vogel, der singt, wenn die Nacht noch dunkel ist
    (Symbol: Vogel) 51
25. Auf dem Flug in den ewigen Frieden
    (Symbol: Taube mit Ölzweig) 52
26. Der Mensch gleicht dem Baume
    (Symbol: Baumscheibe). 54
27. Wir fallen – aber in Seine Hände
    (Symbol: Fallende Blätter) 56
28. Über die Luftbrücke miteinander verbunden
    (Symbol: Ginkgoblatt) 58
29. Unterwegs mit dem Stützstab *(Symbol: Wanderstab)* 59
30. Von der Brücke über dem Abgrund *(Symbol: Brücke)* 62
31. An Jesus orientiert, dem Leuchtturm Gottes
    (Symbol: Leuchtturm / bei allen, die gerne am Meer Urlaub machten) 63
32. Das Träumen vom guten Ende *(Symbol: Kaleidoskop)* 65
33. Die Anker sind gelichtet *(Symbol: Segelschiffmodell / besonders Wassersportler und Seeleute)* . . 66
34. Gott lässt uns nicht fallen
    (Symbol: Sprungtuch / besonders Feuerwehrleute) . 68
35. Wie Sterne am Himmel
    (Symbol: Sterne / auch beim Tod eines Kindes) . 70

36. Da habe ich dich getragen *(Symbol: Fußspur)*. . 73
37. Von Gott getragen *(Symbol: Zwei Fußspuren;
eventuell Schuhe des verstorbenen Kindes)* . . 75
38. Auf ewig verbunden *(Symbol: Zwei Herzen ineinander)* 76
39. Von der Treue und der Rettung
(Symbol: Zwei Ringe ineinander) 78
40. Ein Edelstein mehr im himmlischen Jerusalem
*(Symbol: Halbedelstein / bei einer sehr geschätzten,
engagierten Pesönlichkeit, um die viele trauern)* . 79
41. Die Mitte finden! *(Symbol: Labyrinth)* . . . 82
42. Die Harmonie auf der schönen Teppichseite
(Symbol: Handgeknüpfter Teppich) 83
43. Die rettende Tür *(Symbol: Geöffnete Tür)* . . 85
44. Die Verstorbenen leben gleich nebenan
(Symbol: Offene Tür) 87
45. Vom Öl im Krug des Lebens
(Symbol: Brennendes Öllämpchen) 89
46. Jesus zieht alle an sich *(Symbol: Magnet)* . . 90
47. Unsere Zeit in Gottes Händen *(Symbol: Stundenglas)* 92
48. Bis zum Abpfiff gekämpft *(Symbol: Schiedsrichterpfeife /
Sportbegeisterte/r)* 93
49. Gott, dir will ich singen und spielen
(Symbol: Notenzeile / Musikfreund oder Musikerin) . 95
50. Er erbarmt sich von Geschlecht zu Geschlecht
(Symbol: Marienstatue / Marienverehrer/in) . . 98
51. Sterben in die mütterlichen Arme Gottes hinein
(Symbol: Pietà) 99
52. Den Himmel bestürmen *(Symbol: Betende Hände)* . 101
53. Sie trugen Palmzweige in ihren Händen
(Symbol: Palmzweig) 102
54. Von der Hoffnung im Tod *(Symbol: Buchsbaumzweig)* 104
55. Vom Sprung ins neue Leben *(Symbol: Hühnerei)* . 106
56. Dem empfohlen, der auf krummen Zeilen gerade
schreibt *(Symbole: Schöner Apfel und Christbaumkugel)* 107

57. Wie Phönix aus der Asche
    (Symbol: Urne / Urnenbestattung) . . . 109
58. Wie ein Engel, der Gott schaut
    (Symbol: Engel / besonders beim Tod eines Kindes) . 111
59. Ein Leben zwischen Distel und Sonne
    (Symbol: Karte »Sonnenuntergang«) . . . 114
60. Der leuchtende Schatten in unserem Zweifeln
    (Symbol: Karte »Der leuchtende Schatten«) . . 116

Weitere Möglichkeiten
1. Ansprache mit mehreren Symbolen . . . 118
2. Der Mensch blüht wie die Blume des Feldes
   (Symbol Löwenzahn/Pusteblume) 119

Anhang
1. Einleitungen für Trauergottesdienste . . . 124
2. Hilfreiche Texte für Trauergottesdienst und Predigt 130
3. Spruchweisheiten für Anzeigen oder Totenzettel . 136
   a) Aus der Hl. Schrift 136
   b) Aus einem christlich geprägten Umfeld . . 138
4. Totenwache. 146
   a) Allgemein 146
   b) Bei einem plötzlichen Tod 155
5. Texte für ein Abschiedsritual bei totgeborenen
   Kindern 166

Schriftstellenverzeichnis 171

Ein Wort zuvor

Viele Gründe bewogen mich, dieses Buch zu schreiben:
- Jedes Leben ist anders. Aber ich suchte nach anschaulichen Rahmen, in die ich das individuelle Bild des Verstorbenen einfügen kann.
- Relativ spät habe ich begonnen, Symbolpredigten auch in Trauergottesdienste einzubringen. Das große Echo hat mich dann erstaunt und nachdenklich gemacht: Da versammeln sich oft Menschen, die jahrelang an keinem Gottesdienst teilgenommen haben und diese Form der Predigt nicht kennen. Visuell verwöhnt – wie wir alle –, spricht sie diese aber offensichtlich besonders an ...
- Zunehmend findet sich auf Todesanzeigen kein Kreuz mehr. Da sind – vielleicht sogar um sich bewusst abzugrenzen – Symbole abgebildet, die auf den ersten Blick eine christliche Aussage vermissen lassen, etwa: ein Baum mit gebrochenem Ast, ein schmiedeeisernes geöffnetes Tor, ein Leuchtturm, eine Sonnenblume, eine geknickte Rose ... Ich möchte in diesen Predigten aufzeigen, wie *nahe* jedoch viele dieser Symbole und Zeichen der christlichen Botschaft stehen.

So würde ich mich freuen, wenn Sie sich von dieser Form der Traueransprachen inspirieren ließen, denn sie wollen die Menschen in ihrer Trauer ernst nehmen, Hoffnung wecken, vor allem aber – mit Blick auf die Auferstehung – Trost spenden.

Willi Hoffsümmer

Hinweise

. . . .

1. Es muss nicht immer das Symbol mitgebracht werden. Sie können auch sagen: Neben einer Todesanzeige habe ich einmal folgendes Symbol gesehen ... Obwohl davon zu erzählen *und* es vorzuzeigen, ein großer Unterschied ist!
2. Die Schriftstellen sind – sofern sie nicht abgedruckt sind oder anderes angegeben ist – der »Feier der Beerdigung« entnommen und dort zu finden.
3. Um nicht immer »mann/frau« schreiben zu müssen, variiert in den Predigten das Geschlecht.
4. Abkürzung: P. = Prediger oder Predigerin.

Traueransprachen

1. Der Tod als Beginn der Reise ins Licht

Symbol/Vorbereitung
Die Sonne hinter einem Kreuz.

Lesungen
Kol 2,12–14: Jesus hat unseren Schuldschein durchgestrichen.
Der Apostel Paulus schreibt im Brief an die Kolosser:

> Liebe Schwestern und Brüder!
> Mit Christus wurdet ihr in der Taufe begraben, mit ihm auch auferweckt, durch den Glauben an die Kraft Gottes, der ihn von den Toten auferweckt hat. Ihr wart tot infolge eurer Sünden, und euer Leib war unbeschnitten; Gott aber hat euch mit Christus zusammen lebendig gemacht und uns alle Sünden vergeben. Er hat den Schuldschein, der gegen uns sprach, durchgestrichen und seine Forderungen, die uns anklagten, aufgehoben. Er hat ihn dadurch getilgt, dass er ihn an das Kreuz geheftet hat.

Joh 8,12: Ich bin das Licht der Welt.

Ansprache
Sie haben, liebe Trauernde, in Ihrer Todesanzeige als Symbol hinter das Kreuz eine Sonne gesetzt (oder das Kreuz in eine aufgehende Sonne gesetzt). Damit wollten Sie sagen: Wir glauben an die Herrlichkeit nach allem Leid; wir vertrauen auf die Ostersonne. Oder anders ausgedrückt: Der Tod ist nicht das Ende des Lebens, sondern der Beginn einer Reise ins Licht. Das Kreuz durchkreuzt die Maßstäbe unserer Welt. Was als Hinrichtungswerkzeug gedacht war, wird zum Siegeszeichen.

Unzählige Geschichten ranken sich um dieses Kreuz, um seine positive Wirkung herauszustellen. Zwei darf ich Ihnen in dieser Stunde der Trauer erzählen; nicht um die Trauer abzukürzen, sondern um schon das Licht am Ende des Tunnels anzudeuten:

Da wollte ein Mensch seinen Schatten loswerden. Aber was auch immer er anstellte, es gelang ihm nicht: Er konnte nicht über seinen Schatten springen. –

Sie kennen diese symbolische Sprache: Mit »Schatten« sind all unsere Unzulänglichkeiten gemeint, unsere Schuld, alles Zerbrochene im Leben. Einiges davon wird auch der Verstorbene jetzt in Händen halten. – Wie geht die Geschichte weiter?

Ein weiser Mann kam hinzu und sagte: »Versteh ich nicht! Er hätte sich doch nur in den Schatten eines Baumes zu stellen brauchen!« Und christlich gedeutet: Er hätte sich in den Schatten des Kreuzes stellen können!

Das darf der Verstorbene in dieser Stunde: seine Schuld als Schuldbrief ans Kreuz heften. Jesus nimmt ihn ab und streicht ihn durch, wenn wir ihm vertrauen. So haben wir es eben in der Lesung gehört (Kol 2,14). Was für eine gute Nachricht!

Die zweite Geschichte erzählt davon, dass alle Menschen mit ihren Kreuzen unterwegs waren und sich unter ihrer schweren Last abmühten. Auch Ihr Mann hatte sein Kreuz zu schleppen *(hier Genaueres sagen)*. Einem Menschen war sein Kreuz zu schwer und zu lang: Er sägte kurzerhand ein Stück ab.

Nach langer Pilgerschaft kamen alle an den letzten Abgrund. Keine Brücke führte ins jenseitige Land, das endlich Frieden versprach und Freude und Gottes sichtbare Nähe. Nach kurzem Zögern legten alle ihre Kreuze über den Abgrund. Und siehe: Sie passten gerade. Der aber ein Stück abgesägt hatte, stand jetzt betroffen da und verzweifelt.

Eine starke Geschichte, die uns motivieren kann, auch unsere Trauer und Schwierigkeiten jetzt durchzutragen.

Da ist die Auferstehungssonne. In ihrem Licht bleibt keine Mühe umsonst. In ihrem Licht dürfen wir auch für das Lichtvolle in unserem Leben danken, das in Gottes Herrlichkeit erst recht aufleuchten kann.

Auch im Leben des Verstorbenen gab es diese lichten Stunden *(Genaueres einbringen)*, für die wir Gott herzlich danken.
Die Kreuze dieser Welt werden von der Auferstehungssonne beleuchtet. Das ist unser Glaube. Bis wir einmal selbst die Herrlichkeit schauen dürfen.

2. Jesus – der Schlüssel zum Tor des Lebens

Symbol/Vorbereitung
Ein schöner Schlüssel.

Lesungen
Offb 1,12–18: Ich habe die Schlüssel zum Tod und zur Unterwelt!
Der Apostel Johannes beschreibt im letzten Buch der Bibel eine seiner Visionen:
Da wandte ich mich um, weil ich sehen wollte, wer zu mir sprach. Als ich mich umwandte, sah ich sieben goldene Leuchter und mitten unter den Leuchtern einen, der wie ein Mensch aussah; er war bekleidet mit einem Gewand, das bis auf die Füße reichte, und um die Brust trug er einen Gürtel aus Gold.
Seine Haut und seine Haare waren weiß wie weiße Wolle, leuchtend weiß wie Schnee, und seine Augen wie Feuerflammen; seine Beine glänzten wie Golderz, das im Schmelzofen glüht, und seine Stimme war wie das Rauschen von Wassermassen.
In seiner Rechten hielt er sieben Sterne, und aus seinem Mund kam ein scharfes, zweischneidiges Schwert, und sein Gesicht leuchtete wie die machtvoll strahlende Sonne.
Als ich ihn sah, fiel ich wie tot vor seinen Füßen nieder. Er aber legte seine rechte Hand auf mich und sagte: Fürchte dich nicht! Ich bin der Erste und der Letzte und der Lebendige. Ich war tot, doch nun lebe ich in alle Ewigkeit, und ich habe die Schlüssel zum Tod und zur Unterwelt.

Joh 14,1–6: Ich bin der Weg und die Wahrheit und das Leben.

Ansprache

Sie haben, liebe Trauernde, auf der Todesanzeige einen Schlüssel als Symbol abbilden lassen (oder ein Schloss). Damit wollen Sie sagen: Der Tod ist das Tor zum Leben. Und Jesus besitzt durch Tod und Auferstehung die Schlüssel, dieses Tor aufzuschließen.

Vom heiligen Karl Borromäus, einem früheren Erzbischof von Mailand, wird berichtet, er habe einst einem Künstler den Auftrag gegeben, ein Bild des Todes zu malen. Nach einiger Zeit übergab ihm der Maler eine Skizze. Er hatte den Tod dargestellt als Knochenskelett mit der Sense in der Hand. Aber damit war der Bischof nicht einverstanden. »So sollst du den Tod nicht malen«, erklärte er bestimmt, »stelle ihn dar als einen Engel mit einem goldenen Schlüssel in der Hand.«

Der Schlüssel ist ein wunderbares Symbol. Schon allein deshalb, weil wir Schlüssel im Leben so oft brauchen.

Wenn ich an Ihre Liebe zu dem Verstorbenen denke, dann darf ich das schöne Liebesgedicht in mittelhochdeutscher Sprache einmal zitieren: »Dû bist mîn, ich bin dîn …« Aber ich liefere gleich die Übersetzung: »Du bist mein, ich bin dein: dessen sollst du dir gewiss sein. Du bist eingeschlossen in meinem Herzen! Verloren ist das Schlüsselchen: Du musst immer darin bleiben!«

An dieser Liebe entlang darf ich auch einige »Schlüsselerlebnisse« des Verstorbenen *(Genaueres)* aufzählen …

In dieser Stunde der Trauer haben wir uns vor dem versammelt, der einmal gesagt hat: »Ich bin der Schlüssel zum Tod und zur Unterwelt!« (Offb 1,18b). Mit dem Kreuzschlüssel hat er uns dann sogar den Himmel aufgeschlossen. Das ist die gute Nachricht der Kirche im Angesicht des Todes.

Es bleibt Ihnen ein Schlüssel, bis – so glauben wir – Sie sich wiedersehen. Das ist der Zauberschlüssel, der immer die Höhen und Tiefen unseres Lebens begleiten kann: das Gebet. Diese Hingabe an Gott und an seinen Sohn Jesus Christus in vertrautem Gespräch schlägt auch die Luftbrücke zum Verstorbenen. Die viel größere Welt Gottes ist ja nicht unendlich fern oder ganz oben, sie ist uns ganz nahe; vielleicht manchmal näher als die sichtbaren Freunde.

Jörg Zink, ein großer Theologe unserer Tage, schreibt: »Manchmal aber merken Menschen, die besonders aufmerksam sind, wie ein Mensch, den sie begraben haben, mit ihnen Verbindung aufnimmt, ihnen erscheint oder zu ihnen spricht. Denn die Toten sind nicht weit weg, und die Wand ist dünn zwischen unserer Welt und der größeren, der Welt Gottes« (in: Dornen können Rosen tragen, Stuttgart 1997, S. 334).

So dürfen wir, auch wenn uns noch die Trauer gefangen hält, ein Auferstehungslied singen, denn die Tür zum eigentlichen Leben steht offen.

3. Der rettende Anker

Symbol/Vorbereitung
Ein Anker.

Hinweis
Besonders geeignet bei Wassersportlern und Seebegeisterten.

Lesungen
1 Petr 1,3–9: Durch die Auferstehung Jesu Christi haben wir eine lebendige Hoffnung.

Der Apostel Petrus schreibt in seinem ersten Brief:
Liebe Schwestern und Brüder!
Gepriesen sei der Gott und Vater unseres Herrn Jesus Christus: Er hat uns in seinem großen Erbarmen neu geboren, damit wir durch die Auferstehung Jesu Christi von den Toten eine lebendige Hoffnung haben und das unzerstörbare, makellose und unvergängliche Erbe empfangen, das im Himmel für euch aufbewahrt ist. Gottes Macht behütet euch durch den Glauben, damit ihr das Heil erlangt, das am Ende der Zeit offenbart werden soll. Deshalb seid ihr voll Freude, obwohl ihr jetzt vielleicht kurze Zeit unter mancherlei Prüfungen leiden müsst. Dadurch soll sich euer Glaube bewähren, und es wird

sich zeigen, dass er wertvoller ist als Gold, das im Feuer geprüft wurde und doch vergänglich ist. So wird (eurem Glauben) Lob, Herrlichkeit und Ehre zuteil bei der Offenbarung Jesu Christi. Ihn habt ihr nicht gesehen, und dennoch liebt ihr ihn; ihr seht ihn auch jetzt nicht; aber ihr glaubt an ihn und jubelt in unsagbarer, von himmlischer Herrlichkeit verklärter Freude, da ihr das Ziel des Glaubens erreichen werdet: euer Heil.

Mt 14,22–33: Vom Anker unserer Hoffnung.

Ansprache

Der Anker auf Ihrer Todesanzeige war in Zeiten der ersten Christenverfolgungen ein verschlüsseltes Bild für das Kreuz als Symbol der Hoffnung. Wenn ein Schiff vom Sturm hin und her getrieben wird und Land in Sicht kommt, dann werfen die Seeleute den Anker in der Hoffnung, dass er sich auf dem Meeresboden verfängt und das Schiff hält, damit es nicht gegen die Klippen geworfen wird und zerschellt.

Schon oft habe ich den Anker auf Todesanzeigen gesehen. Da hieß es zum Beispiel: »Die rettende Hoffnung auf den Gott allen Lebens war für ihn der Ankerpunkt seines Glaubens.« Oder: »Unser ›Kapitän‹ ist für immer von Bord gegangen.«

Im Speisesaal der Mönche in der Abtei Maria Laach ist ein Kreuz zu sehen, auf dem sich drei Delphine tummeln. Ich bin dieser Symbolsprache einmal nachgegangen: Schon in vorchristlicher Zeit haben die Menschen den Delphin als Retter erlebt, der ins Meer Gestürzte auf seinem Rücken ans rettende Ufer brachte. Davon wird auch heute noch manchmal berichtet. So machten die Griechen und Römer ihn zum König der Seetiere, von dem sie glaubten, er geleite ihre Toten über das große Wasser bis zur Unterwelt oder bis zur Insel der Seligen. Für die Christen war es nicht schwer, diesen Delphin in die Nähe des Kreuzes oder des Ankers zu rücken, denn Jesus Christus stand ihnen ja als Retter der Menschheit vor Augen, der die Verstorbenen in die Ewigkeit führt. Später löste das Fisch-Symbol den Delphin ab.

In dieser Stunde schauen wir also auf Christus, der uns aus den Schiffbrüchen unseres Lebens ans rettende Ufer bringen wird. So wie Petrus eben im Evangelium Jesus als Retter erlebte, als seine Zweifel ihn beinahe in die Tiefe versinken ließen.

Da liegt auch unsere Entscheidung: Lasse ich mich jetzt von Zweifel und Trauer unter Wasser ziehen oder halte ich mich am Anker des Glaubens fest, der mich über Wasser halten kann? Wir danken dem Verstorbenen für all die Begegnungen, in denen er uns Halt und Hilfe war *(hier auf das Lebenswerk des Verstorbenen eingehen)*. Und wir schauen nach vorne, auf die lebendige Hoffnung, die uns Jesus Christus in seiner Auferstehung geschenkt hat, und bitten ihn, dass er den Verstorbenen jetzt an Bord des Schiffes nimmt, das niemals untergehen wird.

4. Die Liebe, vom Kreuz gehalten

Symbol/Vorbereitung
Eine Rose an einem Kreuz.

Lesungen
1 Kor 13,4–8a.13: Was die Liebe vermag.
  Der Apostel Paulus schreibt im ersten Brief an die Korinther über die Liebe:
  Die Liebe ist langmütig, die Liebe ist gütig. Sie ereifert sich nicht, sie prahlt nicht, sie bläht sich nicht auf. Sie handelt nicht ungehörig, sucht nicht ihren Vorteil, lässt sich nicht zum Zorn reizen, trägt das Böse nicht nach. Sie freut sich nicht über das Unrecht, sondern freut sich an der Wahrheit. Sie erträgt alles, glaubt alles, hofft alles, hält allem stand.
  Die Liebe hört niemals auf. Für jetzt bleiben Glaube, Hoffnung, Liebe, diese drei; doch am größten unter ihnen ist die Liebe.

Joh 11,17–27: Auferweckung des Lazarus.

Ansprache

In dieser Rose zeige ich Ihnen ein Symbol der Liebe. Wir haben eben dazu die Lesung vom Tag Ihrer Hochzeit vor … Jahren gehört, in der Sie mit auf den Weg bekamen, was die Liebe vermag.

Diese Liebe hat N.N. bewiesen *(jetzt aufzählen, was an Gutem von ihr ausging)*, aber auch in Tagen von Leid und Schmerz hielt diese Liebe stand *(jetzt von den Dornen der Liebe erzählen)*. Wenn wir diese Rose in der Todesanzeige an ein Kreuz wie an einen Stützstock gelehnt sehen, dann lässt uns das an Jesus denken, der uns schon in der Taufe an die Hand nahm. Gerade in den letzten Wochen der Krankheit hat die Verstorbene sich an dieser Stütze des Kreuzes festgehalten. Und wie oft hat sie im Leben gesagt: »Ohne den Herrgott wäre ich da nicht durchgekommen!« Gerade dann, wenn wir das Kreuz zu spüren bekommen, hilft uns der Blick auf den, der sein Kreuz durchtrug. *Dann* bedeutet uns sein Beispiel mehr als die Worte der Bergpredigt, an denen Sie sich in anderen Lebenssituationen orientiert haben.

In der Auferstehung wachsen neben den Dornen wieder Blüten. Das ist unser Trost im Angesicht des Todes. Und unsere Hoffnung – die den grünen Blättern an der Rose gleicht.

Unter der Blüte gibt es an diesem Symbol der Liebe die fünf Kelchblätter, die auch im kältesten Winter nicht abfrieren. Der fromme Volksmund deutete das so: So stark muss die *Treue* zum gesprochenen Ja sein: Selbst in Jahren der Zweifel, der Lieblosigkeit, vielleicht sogar der Gleichgültigkeit, hält diese Treue durch, weil sie sich an Jesus anlehnt. Der Volksmund hat außerdem in diesen fünf Kelchblättern die fünf Wunden Christi gesehen, der die Treue zu uns vorgelebt hat, indem er am Ölberg zu unserer Erlösung Ja sagte.

Wenn wir gleich dieses Symbol der Liebe auf den Sarg der Verstorbenen hinunterwerfen, soll das ein Zeichen unseres Dankes sein: für all die Liebe bis in den Tod, aber auch als Dank für das treue Festhalten an Gott in Tagen der großen Not. Die Antwort Gottes kennen wir: Er schenkt jetzt der Verstorbenen seine göttliche Liebe. Und unsere Antwort ist wie die der Martha im Evangelium: »Ja, Herr, ich glaube, dass du der Messias bist, der Sohn Gottes, der in die Welt gekommen ist« (Joh 11,27).

5. Vom Lebensbaum

Symbol/Vorbereitung
Kreuz als Lebensbaum.

Lesungen
Offb 22,1–5: Die Bäume des Lebens tragen jeden Monat Früchte.

Der Apostel Johannes beschreibt im letzten Buch der Bibel eine seiner Visionen:

Und der Engel zeigte mir einen Strom, das Wasser des Lebens, klar wie Kristall; er geht vom Thron Gottes und des Lammes aus. Zwischen der Straße, der Stadt und dem Strom, hüben und drüben, stehen Bäume des Lebens. Zwölfmal tragen sie Früchte, jeden Monat einmal; und die Blätter der Bäume dienen zur Heilung der Völker. Es wird nichts mehr geben, was der Fluch Gottes trifft. Der Thron Gottes und des Lammes wird in der Stadt stehen, und seine Knechte werden ihm dienen. Sie werden sein Angesicht schauen, und sein Name ist auf ihre Stirn geschrieben. Es wird keine Nacht mehr geben, und sie brauchen weder das Licht einer Lampe noch das Licht der Sonne. Denn der Herr, ihr Gott, wird über ihnen leuchten, und sie werden herrschen in alle Ewigkeit.

Joh 11,25–27: Wer an mich glaubt, wird leben, auch wenn er stirbt.

Ansprache
Sie haben, liebe Trauernde, auf die Todesanzeige als Symbol ein Kreuz gesetzt, aus dem ein Baum mit Ästen und Früchten geworden ist. Auf vielen Grabsteinen ist solch ein Lebensbaum zu sehen. Daran entzündet sich unser Glaube: Der Verstorbene ist jetzt kein totes Holz, das irgendwann fortgeworfen werden kann, sondern es schlägt neu aus unter der ewigen Sonne Gottes.

Der Baum ist in der Bibel ein wichtiges Symbol. Erinnern wir uns: In der Symbolsprache der Bibel wurde der Baum im Paradies zur Falle für die ersten Menschen, somit für den Menschen schlechthin. Von allen

Früchten der Bäume in diesem wunderbaren Garten durften Adam und Eva essen, aber ausgerechnet die Früchte des *einen* verbotenen Baumes mussten sie haben. Doch das liegt ja heute noch im Menschen: Je mehr er hat, je mehr er will. Immer, wenn der Mensch dabei ein Gebot Gottes übertritt, fällt er aus dem Paradies, womit Frieden und Freude des Herzens gemeint sind.

Dann der Baum, aus dem das Kreuz gezimmert wurde. Es gibt Legenden, dass er im Schädel Adams Wurzeln schlug. Das heißt: Gott steht nicht abseits, er ist mitten unter uns. Er bedauert jeden Missbrauch der Freiheit, der höchsten Gabe, die er dem Menschen geschenkt hat. In seinem Sohn hat er gezeigt, wie sehr er seine Wege mit unseren Wegen verknüpft. So wurde der Baumstamm des Kreuzes mit dem Blut des Lammes zu dem neuen Türpfosten, der uns vor dem ewigen Tod bewahrt – wie einmal das Blut des Lammes auf den Türen der Israeliten zur Befreiung führte.

Darum sieht der Autor des letzten Buches der Bibel in einer Vision die Bäume des Lebens am Paradiesesstrom, der in seiner Quelle vom Thron Gottes und dem Lamme ausgeht. Zwölf Mal im Jahr tragen sie Früchte. Das heißt: ewige Fülle, kein Wechsel der Zeiten mehr. Und über allem die Sonne Gottes beim Fest aller Feste. Wir möchten Gott danke sagen für all die Früchte, die der Baum des Verstorbenen schon im irdischen Leben brachte *(Genaueres aufzählen)*. Beten wir darum, dass er am Strom des Lebens jetzt neu seine Wurzeln ausstrecken kann und uns dabei nicht vergisst, das heißt für uns Fürbitte bei Gott einlegt – wie wir für ihn.

6. Im Kreuz ist Heil

Symbol/Vorbereitung
Ein (schmiedeeisernes) Kreuz oder ein entsprechendes Foto.

Hinweis
Besonders im süddeutschen und österreichischen Raum geeignet oder für Verstorbene, die dort gerne Urlaub machten.

Lesungen

1 Joh 3,14–16: Wer nicht liebt, bleibt im Tod.
   Siehe: Lektionar Bd. VI,2: »Schriftlesungen für Verstorbene«.

Joh 12,24–26: Wenn das Weizenkorn nicht in die Erde fällt ...

Ansprache

(P. zeigt das [Metall-]Kreuz:) Dieses Metallkreuz habe ich mitgebracht, weil ich im Urlaub in österreichischen Tälern auf eine andere Begräbniskultur stoße: Da gibt es selten Grabsteine, sondern wundervolle schmiedeeiserne Kreuze: Das Kreuz also in allen Varianten als großes Plus über dem Grab des Verstorbenen.

Das Kreuz erinnert uns mit seinem Querbalken an die Liebe nach rechts und links. Da denken wir dankbar an die Nächstenliebe der Verstorbenen *(Beispiele)*.

Aber unsere noch so große Liebe zu den Nächsten könnte uns nicht erlösen: Wir brauchen den senkrechten Balken des Kreuzes nach oben, der in Jesus Erde und Himmel wieder miteinander verbunden hat und deshalb auch die Verstorbene zu sich in die Herrlichkeit des Himmels holen kann.

Oft sehen wir um dieses Kreuz auch Rosen geschmiedet, deren Dornen nicht verschwiegen werden. So dürfen wir uns jetzt auch an das Schmerzhafte im Leben der Verstorbenen erinnern *(Beispiele)*.

Vom Kreuz gehen oft ebenfalls geschmiedete goldene Strahlen aus, die all denen, die dort stehen und sich an ihre Verstorbenen erinnern, den Blick weiten für die Worte Jesu: »Habt keine Angst. Fürchtet euch nicht. Ich lebe und ihr werdet leben. Denn ich habe den Tod besiegt.«

Darum kann er uns holen – wie wir im Hochgebet der hl. Messe manchmal beten – »in das Land der Verheißung, des Lichtes und des Friedens«.

Auf den meisten Gräbern in Süddeutschland und Österreich sind auch Weihwasserkessel angebracht, die sich vom Segen des Regens fast immer gefüllt präsentieren. Zunächst segnen die Angehörigen damit das Grab, dann beten sie. Und wenn wir so das Andenken an die Verstorbenen wachhalten – und es ist wichtig, dass wir unsere Wurzeln nicht vergessen –, dann dürfen wir auch darauf vertrauen, dass sie unsere Fürsprecher im Himmel sind.

7. Mit dem Serum des Auferstandenen

Symbol/Vorbereitung
Der Äskulapstab als Kreuz.

Hinweis
Besonders geeignet für eine Trauerfeier bei einem Arzt, Apotheker, Heilpraktiker oder einem Angehörigen im Rettungsdienst.

Lesungen
Num 21,4–9: Jeder, der vom Biss der Schlange getroffen war, blieb am Leben, wenn er zur Kupferschlange aufblickte.
Im Buch Numeri hören wir von einer Kupferschlange, die rettete:
Die Israeliten brachen vom Berg Hor auf und schlugen die Richtung zum Schilfmeer ein, um Edom zu umgehen. Unterwegs aber verlor das Volk den Mut, es lehnte sich gegen Gott und gegen Mose auf und sagte: Warum habt ihr uns aus Ägypten heraufgeführt? Etwa damit wir in der Wüste sterben? Es gibt weder Brot noch Wasser. Dieser elenden Nahrung sind wir überdrüssig. Da schickte der Herr Giftschlangen unter das Volk. Sie bissen die Menschen, und viele Israeliten starben. Die Leute kamen zu Mose und sagten: Wir haben gesündigt, denn wir haben uns gegen den Herrn und gegen dich aufgelehnt. Bete zum Herrn, dass er uns von den Schlangen befreit. Da betete Mose für das Volk. Der Herr antwortete Mose: Mach dir eine Schlange, und häng sie an einer Fahnenstange auf! Jeder, der gebissen wird, wird am Leben bleiben, wenn er sie ansieht. Mose machte also eine Schlange aus Kupfer und hängte sie an einer Fahnenstange auf. Wenn nun jemand von einer Schlange gebissen wurde und zu der Kupferschlange aufblickte, blieb er am Leben.

Joh 3,14–17: Im erhöhten Menschensohn hat jeder, der glaubt, ewiges Leben.

Ansprache

Sie, liebe Trauernde, haben als Symbol auf die Todesanzeige das Arzt- und Apothekerzeichen gesetzt, den Äskulapstab. Aber der Stab ist zum Kreuz geworden, das von der Schlange umwunden wird.

Wir haben die Geschichte in den Lesungen aus der Hl. Schrift gehört: Wer die eherne Schlange, die Mose an eine Signalstange hängte, anschaute, überstand die tödlichen Bisse der Schlangenplage. Das deutet der Evangelist auf Jesus: Wer auf den erhöhten Menschensohn am Kreuz schaut, wird gerettet.

Wir wissen auch, warum sich das Bild der alten Schlange aus dem Paradies, die bis heute noch den Menschen verführt, ins Positive wendet: Aus ihrem Giftzahn kann das heilbringende Serum gewonnen werden, das ihr Gift unwirksam macht.

In der Kraft seiner Heilkunst hat der Verstorbene so oft das Gift einer Krankheit ins Positive gewendet. Dafür danken hier viele Patienten von ganzem Herzen. Da war mehr als Beruf; da war Berufung, die nicht auf die Uhr schaute. Dass die Familie das oft verkraften musste und geschehen ließ, dafür danken wir ebenfalls *(hier noch mehr Persönliches aufzeigen)*.

In dieser Stunde des Abschieds bleiben uns zwei Möglichkeiten: Einmal uns von der alten Schlange mit ihrem tödlichen Biss vergiften zu lassen – in unserer Angst vor dem Tod oder der Verführung zu Zweifeln an der Güte Gottes und am Weiterleben nach dem Tod.

Indem Sie den Äskulapstab durch das Kreuz ersetzt haben, weisen Sie ja auf die andere Möglichkeit: Wir glauben, dass dieses Kreuz alles Negative dieser Erde durchkreuzen kann. Diese Hoffnung gründet auf den Auferstandenen, der der alten Schlange endgültig den Kopf zertreten hat.

So haben wir uns hier versammelt, um uns mit dem heilenden Serum Jesu Christi impfen zu lassen: Unsere Trauer darf sein, aber am Ende des Tunnels leuchtet das Osterlicht und wartet ein Leben in Fülle.

8. Auf dem Weg zum himmlischen Hochzeitsmahl

Symbol/Vorbereitung
Ähre hinter dem Kreuz.

Hinweis
Besonders geeignet bei Landwirten.

Lesungen
1 Joh 3,14–16: Wer nicht liebt, bleibt im Tod.
  Siehe: Lektionar Bd. VI,2: »Schriftlesungen für Verstorbene«.

Joh 12,24–26: Wenn das Weizenkorn nicht in die Erde fällt.

Ansprache
Auf Ihrer Todesanzeige, liebe Trauernde, habe ich Ähren am Kreuz gesehen. Sie sind ein Symbol für die Eucharistie und weisen hin auf das himmlische Hochzeitsmahl, das wir erwarten.
Aber ich möchte nicht gleich auf diesen Endpunkt hin, sondern noch andere Gedanken unter dieses Symbol stellen. Zunächst zeigt die Ähre ja an, dass wir Menschen das tägliche Brot brauchen. Dafür schuften viele oft den ganzen Tag. Und Sie wissen, wie dünn die Brotscheiben mittlerweile wieder an manchen Tischen geschnitten werden. Wir danken dem Verstorbenen für seine Arbeit, die auch über die Familie hinausging *(hier Genaueres aufzählen)*.
Der Mensch lebt aber nicht vom Brot allein! Es muss mehr als Arbeit und Freizeit geben. Darum das Kreuz. Es zeigt die Himmelsrichtungen an, in denen wir leben müssen. Der Längsbalken zeigt zum Himmel und will sagen: Häng dein Herz an Gott! Der Querbalken zeigt nach rechts und links: Aus dem Vertrauen auf Gott lass die Liebe zu den Menschen fließen, besonders zu denen in Not! Das ist der Sinn des Lebens. Wer so lebt, lebt erfüllt.

Dazu reicht uns Jesus sein lebendiges Brot, ein Brot, das zwar aus den Ähren genommen ist, aber – verwandelt – bis in die Seele hinein stärkt und versöhnt und den Keim ewigen Lebens in uns wachsen lässt.
Jetzt sind wir wieder bei dem, was Ihr Symbol auf der Todesanzeige letztlich ausdrücken will: Im Vertrauen auf Gott will ich jetzt die Jahre der Trennung überstehen, bis auch wir die Verwandlung des Weizenkornes durchmachen und uns beim himmlischen Hochzeitsmahl wiedersehen dürfen.
So beten wir jetzt für den Verstorbenen, dass er die barmherzigen Arme Gottes zu spüren bekommt. Und wir beten für uns, dass wir mit der vorübergehenden Trennung leben können.

9. Sich am Kreuz festhalten

Symbol/Vorbereitung
Ein Kreuz.

Hinweis
Bei Menschen mit großen Schuldgefühlen.

Lesungen
Kol 2,12–14: Jesus hat unseren Schuldschein durchgestrichen.
 Siehe unter Nr. 1 in diesem Buch.

Joh 3,14–17: Jesus kam, um die Welt zu retten.
 Im Johannesevangelium heißt es:
 Und wie Mose die Schlange in der Wüste erhöht hat, so muss der Menschensohn erhöht werden, damit jeder, der (an ihn) glaubt, in ihm das ewige Leben hat. Denn Gott hat die Welt so sehr geliebt, dass er seinen einzigen Sohn hingab, damit jeder, der an ihn glaubt, nicht zugrunde geht, sondern das ewige Leben hat. Denn Gott hat seinen Sohn nicht in die Welt gesandt, damit er die Welt richtet, sondern damit die Welt durch ihn gerettet wird.

Ansprache

Am Kreuz wird es hell. Vielleicht haben Sie deshalb, liebe Trauernde, auf der Todesanzeige das Kreuz als Erkennungszeichen eingefügt.

Das Kreuz rettet wirklich: Im Drama »Der seidene Schuh« von Paul Claudel überfallen Piraten ein Schiff, binden den Kapitän an einen Mast und versenken das Schiff. Kurz darauf schwimmt der Kapitän – immer noch an diesen Mast gebunden – im Ozean und betet: »Herr, ich bin sicher, dass *du* mich so gefesselt hast. Enger kann ich nicht an dich gebunden sein … Dieses Kreuz aber, das mich fesselt, rettet mich.«

Auch der Verstorbene war manchmal an ein Kreuz geheftet *(Genaueres erzählen)*. Weil er es nicht abgeschüttelt hat, wird jetzt Christus – wie wir in der Lesung gehört haben – den Schuldschein durchstreichen und sagen: Ich kam ja in diese Welt, um zu retten (Joh 3,17).

Manchmal drückt Menschen eine Last bis in das »Burn-out« oder bis in die Depression. Martin Luther war ein Mensch, der in der Angst lebte, einmal nicht vor Gott bestehen zu können. Bis er das Kreuz entdeckte, gewissermaßen als Rettungsanker. Luther hat dazu gesagt: »Mir ist es bisher wegen angeborener Bosheit und Schwachheit unmöglich gewesen, den Forderungen Gottes zu genügen. Wenn ich nicht glauben darf, dass Gott mir um Christi willen dies täglich beweinte Zurückbleiben vergebe, so ist es aus mit mir. Ich muss verzweifeln, aber das lasse ich bleiben! Wie Judas mich an den Baum hängen, das tue ich nicht. Ich hänge mich an den Hals oder Fuß Christi wie die Sünderin, ob ich auch schlechter bin als diese. Ich halte meinen Herrn fest. Und dann spricht er zum Vater: ›Dies Anhängsel muss auch durch! Es hat zwar nichts gehalten von all deinen Geboten, Vater, aber es hängt sich an mich, was will's! Ich starb auch für ihn. Lass ihn durchschlüpfen!‹ – Das soll mein Glaube sein.«

Nicht unsere Verdienste, nein, unser grenzenloses Vertrauen rettet uns. Am Kreuz oder im Kreuz wird es hell. Deshalb dürfen wir uns auch an die »Sternstunden« im Leben des Verstorbenen voller Dankbarkeit erinnern *(Genaueres aufzählen)*.

Das Kreuz steht als großes Plus über unserem Leben. Damit wir uns oft daran erinnern, haben es Menschen an den Wegrand gestellt, ja bis auf die Berge geschleppt: In diesem Zeichen wirst du siegen!

10. Das Kreuz steht in den Abgründen des Lebens

Symbol/Vorbereitung
Ein Kreuz.

Hinweis
- Besonders geeignet bei tragischen Ereignissen.
- Nach einer Ansprache des Limburger Bischofs *Franz Kamphaus*, gehalten anlässlich des schrecklichen Todes von vier Kindern und einem Lehrer, die 1983 in einer Schule in Idstein im Taunus von einem Amokschützen erschossen wurden. Der Amokschütze nahm sich danach selbst das Leben.

Lesungen
Ijob 19,1.25–27: Ich weiß, mein Erlöser lebt.
   Siehe: Lektionar Bd. VI,2: »Schriftlesungen für Verstorbene«.

Lk 23,33.39a.42b–43: Die Kreuzigung Christi mit dem Ausblick: Heute noch wirst du mit mir im Paradiese sein.

Ansprache
Auf den meisten Todesanzeigen ist immer noch ein schlichtes Kreuz abgebildet. Manche ärgert es, andere halten sich daran fest. Ein Schüler aus der Stadt Chur schreibt:
»Jede Tagesschau zeigt mir, dass Gott nicht ist. Jede Zeitung widerlegt mir meinen Glauben. Ich sehe Menschen, von Bomben zerrissen. Ich höre vom Hunger, der Millionen bedrückt. Ich sehe Kinder – sie erwartet ein Leben, so gut und so sinnvoll wie ein lebenslanger Tod. Ich sehe Gefangene unter der Folter zerschlagen – und ich frage mich: Gott? Ein

gütiger himmlischer Vater? Ein allmächtiger Herr, der die Welt ordnet und lenkt? Es gibt keine Brücke mehr zwischen meiner Zeitung und meinem Glauben.«

Wenn wir uns den (schrecklichen) Tod vor Augen halten, der uns hier zusammengeführt hat, kann dann noch einer von einem gütigen Gott sprechen? Wo war er dann, als das Furchtbare geschah? Schreit es nicht zum Himmel – gegen Gott? Wenn selbst unschuldige Menschen dabei sterben müssen, wer will da was erklären? Bereitet es nicht auch den glaubenden Menschen Schwierigkeiten, darauf eine plausible Antwort zu geben? Deshalb schweigen wir lieber. *(Stille)*

Wenn ich doch noch etwas sage, dann gibt es einen entscheidenden Grund dafür: eben das Kreuz. Denn dieses Kreuz Jesu stand nicht in einem geheiligten Bezirk des Tempels, sondern draußen vor der Stadt, wo grausam hingerichtet und getötet wurde: auf Golgatha, wo die Schädel der Hingerichteten zur Abschreckung herumlagen.

Wir suchen Gott in der Regel hoch oben, aber hier finden wir ihn in den Abgründen des Lebens. Darum hat das Kreuz Jesu uns auch dann noch etwas zu sagen, wenn die laute Welt im Angesicht so einer Tragik verlegen schweigt. Denn: Er selbst ist in unser Elend hinabgestiegen. Im Leiden Jesu macht Gott am deutlichsten, wie nah er uns gerade im Leid ist. Viele meinen: Wenn ich dieses unsagbare Leid sehe, kann ich nicht mehr an einen barmherzigen Gott glauben. Aber ist es nicht richtiger zu sagen: Wie kann ich noch an den Menschen glauben, wenn da vielleicht noch mehr »Bestien« Unheil stiften?

Seit Christi Tod am Kreuz darf ich aussprechen: Nur wenn es diesen Gott gibt, der sich auf dem Kreuz festnageln ließ, können wir dieses schreckliche Leid überhaupt aushalten – im Vertrauen darauf, dass der Gekreuzigte uns nicht fallen lässt; noch nicht einmal den Mörder, wie wir eben gehört haben! Das Kreuz durchkreuzt alle Maßstäbe dieser Welt!

Wer an den Gekreuzigten und Auferstandenen glaubt, hofft nicht nur bis an die Grenzen unserer Möglichkeiten. Diese Hoffnung ist keine Antwort auf all die Fragen, die wir jetzt haben; aber diese Hoffnung gibt so viel Licht, dass wir weiterleben können – ohne an der Welt und der Menschheit verzweifeln zu müssen.

11. Auf dem Holzweg?

Symbol/Vorbereitung

Ein sog. »Behelfskreuz«, ein einfaches Kreuz aus Holz, wie es zunächst auf dem Grab steht.

Lesungen

1 Kor 15,12–22: Ohne die Auferstehung Jesu bleibt unser Glaube letztlich sinnlos.

Der Apostel Paulus schreibt im ersten Brief an die Korinther:
Liebe Schwestern und Brüder! Wenn verkündigt wird, dass Christus von den Toten auferweckt worden ist, wie können dann einige von euch sagen: Eine Auferstehung der Toten gibt es nicht? Wenn es keine Auferstehung der Toten gibt, ist auch Christus nicht auferweckt worden. Ist aber Christus nicht auferweckt worden, dann ist unsere Verkündigung leer und euer Glaube sinnlos. Wir werden dann auch als falsche Zeugen Gottes entlarvt, weil wir im Widerspruch zu Gott das Zeugnis abgelegt haben: Er hat Christus auferweckt. Er hat ihn eben nicht auferweckt, wenn Tote nicht auferweckt werden. Denn wenn Tote nicht auferweckt werden, ist auch Christus nicht auferweckt worden. Wenn aber Christus nicht auferweckt worden ist, dann ist euer Glaube nutzlos und ihr seid immer noch in euren Sünden; und auch die in Christus Entschlafenen sind dann verloren. Wenn wir unsere Hoffnung nur in diesem Leben auf Christus gesetzt haben, sind wir erbärmlicher daran als alle anderen Menschen.
Nun aber *ist* Christus von den Toten auferweckt worden als der Erste der Entschlafenen. Da nämlich durch *einen* Menschen der Tod gekommen ist, kommt durch *einen* Menschen auch die Auferstehung der Toten. Denn wie in Adam alle sterben, so werden in Christus alle lebendig gemacht werden.

Lk 7,11a.12a.13–16: Der junge Mann von Naïn steht wieder auf.

Ansprache

Solch ein einfaches Kreuz aus Holz mit dem Namen des Verstorbenen steht so lange auf dem Grab, bis es durch einen Grabstein ersetzt wird. Mit Blick auf das Holz dieses Kreuzes kam mir – wie allen Zweiflern – der Gedanke: Sind wir mit unserem Glauben an eine Auferstehung auf dem Holzweg? Wir hörten in der Lesung: »Wenn Christus nicht auferweckt wurde, dann ist unser Glaube nutzlos, dann sind wir erbärmlicher daran als alle anderen Menschen!«

Umfragen sagen: Die eine Hälfte der Deutschen glaubt an die Auferstehung, die andere Hälfte nicht; so ist es selbst bei denen, die noch in die Kirche gehen. Und was nun? Wir befinden uns hier in einem Bereich, in dem uns Vernunft und Diskussion nicht weiterhelfen. Entweder ich glaube oder ich glaube nicht.

Warum soll ich dann nicht positiv denken, wenn es für keine Seite etwas zu beweisen gibt? Wer den Auferstandenen als Sprungbrett seines Glaubens ansieht, ist nicht auf dem Holzweg. Es gibt so viele Stellen in der Bibel, die von der Materie »Holz« sprechen und uns Mut machen können:

Es genügt unserem Glauben nur *eine* Planke aus der Arche Noach, um uns retten zu können aus der Flut der Sünde und des Todes (Gen 7). – Denken wir an den Stab des Aaron, der, vor den Pharao geworfen, zur Schlange wurde, die alle anderen Schlangen, die uns Angst machen, verschlingen konnte (Ex 7,12). – Der Stab des Mose teilte das Meer, das die Ägypter verschlang, rettete aber das Volk Gottes (Ex 14,16).

Und König David konnte im Ps 23 singen, wie wir das auch noch gerne tun: »Der Herr ist mein Hirte ... dein Stock und dein Stab geben mir Zuversicht« (Vers 4).

Wir können auch an den *hölzernen* Trog denken, aus dem die Schweine fraßen – während der verlorene Sohn davor saß und langsam den Mut fand, zum Vater zurückzukehren (Lk 15,16f).

Das wünschen wir auch unserem Verstorbenen, ganz gleich, wie oft er hinter seinen Möglichkeiten geblieben ist, dass er sich jetzt aufmacht in die offenen Arme des Vaters.

Denken wir noch an das Holz der Krippe, in die unser Erlöser gelegt wurde. Sie war aus Holz geschnitzt wie das Kreuz, das Marterholz, an dem Jesus hingerichtet wurde. In der Präfation vom Fest Kreuzerhöhung heißt es deshalb: »Der Feind, der am Holze (des Paradiesbaumes) gesiegt hat, wurde auch am Holze besiegt durch unseren Herrn Jesus Christus.« Wieso also Holzweg mit Blick auf dieses Behelfskreuz? Wir glauben, dass auch Christus einmal zum Verstorbenen und zu uns wie zum jungen Mann von Naïn sagen wird: »Steh auf!« Und deshalb ruft er uns auch zu: »Weine nicht!« Weint nicht wie die ohne Hoffnung. Denn der Tod hat nicht das letzte Wort!

So danken wir, dass wir den Verstorbenen in unserer Mitte haben durften, und für all das, was er uns geschenkt hat. Wir legen ihn jetzt auf die Tragbahre aus Holz vor Jesus hin, damit dieser auch zu ihm spricht: »Steh auf!« *(P. lehnt das Behelfskreuz gegen den Altar.)*

NACH EINER IDEE BEI LOTHAR ZENETTI

12. Der Stein vom Grab ist weggewälzt

Symbol/Vorbereitung

Bruchstück eines alten Marmorgrabsteins – von einem Friedhofssteinmetz ausgeliehen.

Lesungen

Jes 49,14–17: Ich habe dich eingezeichnet in meine Hände.

Im Buch des Propheten Jesaja heißt es:

Zion sagt: Der Herr hat mich verlassen, Gott hat mich vergessen.

– Kann denn eine Frau ihr Kindlein vergessen, eine Mutter ihren leiblichen Sohn? Und selbst wenn sie ihn vergessen würde: ich vergesse dich nicht. Sieh her: Ich habe dich eingezeichnet in meine Hände. Deine Mauern habe ich immer vor Augen. Deine Erbauer eilen herbei, und alle, die dich zerstört und verwüstet haben, ziehen davon.

Lk 24,1–10: Der Stein vom Grab ist weggewälzt.

Ansprache

Dieses Bruchstück eines alten Grabsteins aus Marmor habe ich mir bei einem Steinmetz ausgeliehen. Ein Teil des Namens des Verstorbenen ist noch zu lesen. Vergessen oder noch geliebt?

Steinmetze haben mir gesagt, dass auch im Tod noch die Fassade zählt; dass manche Angehörige mit den genauen Maßen der Grabsteine der Nachbargräber kommen, um sie zu überbieten. Was soll damit bewiesen werden?

Im Evangelium steht etwas anderes: Der Stein vom Grab ist weggewälzt! Das Grab ist offen. Auch für den Verstorbenen. Darum können auch in uns eine Menge Steine beiseitegeräumt werden: die Steine der Angst, der Traurigkeit, der Hoffnungslosigkeit und bald – hoffentlich – auch die der Trauer. Leider bleiben manchmal noch Stolpersteine liegen, obwohl der größte Brocken doch weggeräumt ist: der Stolperstein der Missverständnisse und der Unversöhnlichkeit! Beim Erben kommen leicht noch Stolpersteine hinzu, die zeigen, dass das Haben-Wollen oft tiefer geht als die sprengende Kraft des christlichen Glaubens.

Aber heute freuen wir uns darüber, dass der Stein vom Grab weggewälzt ist und der Verstorbene die Hand Jesu ergreifen kann. So ein Stück Marmor bleibt doch kalt und kann nur für ein paar Jahre etwas vortäuschen. Was wäre das armselig, wenn es nicht *mehr* gäbe! Werfen wir wieder einen Blick in die Hl. Schrift: In der Lesung, die wir eben gehört haben, hieß es: »Ich habe dich eingezeichnet in meine Hände.« Stellen wir uns das doch vor: Jeder Mensch von Gott geliebt, eingezeichnet in seine unendlich großen Hände. Nicht kalter Marmor, sondern Wärme, Liebe, Geborgenheit. Seit der Taufe besonders an die Hand genommen. Die russischen Ikonen zeigen es in den Darstellungen des Auferstandenen: Er sprengt die Tür zur Unterwelt, ergreift die Hand der Menschen und führt die Befreiten ins Licht.

Der Stein vom Grab ist weggewälzt! Darum lege ich diesen kleinen Marmorblock an die leuchtende Osterkerze, das Symbol für den auferstandenen Herrn Jesus Christus. Wir danken dem Verstorbenen für all das, was von ihm wärmend und leuchtend ausging *(hier aufzählen)*, und bit-

ten Gott um Verzeihung für alle Verfehlungen, deren er sich in seinem Leben schuldig gemacht hat.
Aber der Stein vom Grab ist weggewälzt! Die Macht des Todes ist gebrochen. Darum lasst uns – bei aller Trauer – das Halleluja nicht vergessen, das uns in die Freiheit bei Gott führt.

13. Das Licht besiegt die Finsternis

Symbol/Vorbereitung
Osterkerze – direkt neben dem Ambo.

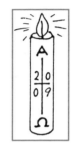

Lesungen
1 Joh 3,14–16: Wer nicht liebt, bleibt im Tod.
  Siehe: Lektionar Bd. VI,2: »Schriftlesungen für Verstorbene«.

Joh 11,21–27: Ich bin die Auferstehung und das Leben.

Ansprache
Sie sehen die Osterkerze direkt neben mir: Sie wurde entzündet, um das Fest zu feiern gegen den Tod, gegen die Angst, gegen die Kälte der Herzen, gegen Macht und Gewalt.
Wir sehen die Wunden, aus denen Jesus blutete. In der Nachfolge kommen wir nicht am Leid vorbei: So hat auch der Verstorbene in den letzten Jahren aus vielen Wunden geblutet *(sein Leid aufzählen)*.
Was aber mehr in unserer Erinnerung bleiben darf, ist, dass er wie diese Kerze geleuchtet hat. Ja, sein Licht hat oft ganz still gebrannt und gewärmt *(Beispiel)*. »Wer das Leben gewinnen will«, hat Jesus einmal gesagt, »muss sich verzehren.« Wie diese Kerze. Und wenn wir brennen und genügend Wachs haben und unser Docht nicht allzu viel flackert und rußt, dann erfrieren wir auch selbst nicht innerlich. Aber in der Lesung hieß es: »Wir sind aus dem Tod (jetzt schon) ins Leben hinübergegangen, weil wir die Schwestern und Brüder lieben. Wer nicht liebt, bleibt im Tod« (1 Joh 3,14) *(Beispiele der Liebe des Verstorbenen)*.

Wer sich von Jesus anstecken lässt, wird selbst zum Licht.

Wenn Sie in die Flamme dieser Kerze sehen, dürfen Sie sich zurückerinnern an all die Kerzen im Leben des Verstorbenen, die den Weg mit Christus markiert haben: Da war die Taufkerze, die einlud, ein Kind des Lichtes zu werden. Denken wir an seine Kommunionkerze, an dieses unbeschwerte schöne Fest, das die Freundschaft mit Jesus intensivieren will. Dann die Ehekerze, die Jesus als den Dritten im Bunde sah; … Jahre durften Sie zusammen verbringen. Und schließlich die Kerze am Krankenbett, die daran erinnerte, dass das Licht jede Finsternis besiegen kann. So nehmen wir dankbar Abschied von N.N. und empfehlen ihn dem ewigen Licht, das ihn führt in die Herrlichkeit Gottes.

14. Anfang und Ende sei dir in die Hände gelegt

Symbol/Vorbereitung
Alpha und Omega auf der Osterkerze.

Lesungen
Offb 21,2–5a.6b–7: Ich bin das Alpha und das Omega.
   Siehe: Lektionar Bd. VI,2: »Schriftlesungen für Verstorbene«.

Joh 14,1–6: Ich bin der Weg, die Wahrheit und das Leben.

Ansprache
Sie haben, liebe Trauernde, neben die Todesanzeige das Symbol von Alpha und Omega, Anfang und Ende um das Kreuz gesetzt. Alpha und Omega sind der erste und der letzte Buchstabe des griechischen Alphabetes, also das Symbol für das Umfassende und Vollendete. Kurz: Der Verstorbene hat in Gott seinen Anfang und sein letztes Ziel gesehen.
Manchmal steht noch ein Spruch dabei – wie: »So legen wir still in Gottes Hände das Glück und den Schmerz, den Anfang und das Ende.« Weil es auch im letzten Buch der Bibel heißt: »Der auf dem Thron saß, sprach: ›Seht, ich mache alles neu. Ich bin das Alpha und das Omega, der An-

fang und das Ende«« (Offb 21,5a.6a). Darum verzieren wir auch die Osterkerze mit dem Alpha und Omega.
Viele Gläubige wollen ihr kleines Leben in den großen Rahmen Gottes spannen.
Der Dichter Fritz Reuter (1810–1874) zum Beispiel war nach sieben Jahren Festungshaft ein gebrochener Mann, der unter Depressionen litt. Und doch schrieb er seine besten Werke – oft von Humor und Freude durchzogen – in den schlaflosen Nächten voller Leid und Schmerzen. In einer solchen Nacht diktierte er einmal seiner Frau die Inschrift für den eigenen Grabstein. Die lautet:

> Der Anfang, das Ende, o Herr, sie sind dein.
> Die Spanne dazwischen, das Leben, war mein.
> Und irrt ich im Dunkel und fand nicht heraus:
> Bei dir, Herr, ist Klarheit und licht ist dein Haus!
> NACH AXEL KÜHNER

Wir sind hier, um dem Leben des Verstorbenen gerecht zu werden, seine Zeiten im Licht *(Genaueres)* und im Dunkel *(Genaueres)* zu sehen, dafür zu danken und Gott um sein Erbarmen anzurufen.
Es gibt ein weltbekanntes Gedicht von Hermann Hesse, das auch vom Anfang und Ende und dem ewigen Neubeginn erzählt. Darin heißt es:

> Es muss das Herz bei jedem Lebensrufe
> bereit zum Abschied sein und Neubeginne,
> um sich in Tapferkeit und ohne Trauern
> in andre, neue Bindungen zu geben ...
> Wir sollen heiter Raum um Raum durchschreiten,
> an keinem wie an einer Heimat hängen.

Auf diesem Wege ist jetzt der Verstorbene, sich in die neuen schönen Bindungen zu geben; die ewige Heimat zu finden. Wir stehen hier, um das Loslassen zu lernen.
Am Ende des Gedichtes heißt es:

> Es wird vielleicht auch noch die Todesstunde
> uns neuen Räumen jung entgegensenden.

Ja, der Glaube an Christus ist sich da ganz sicher! Er, der da spricht: »Ich bin der Weg und die Wahrheit und das Leben«, hält viele Wohnungen für uns bereit.

Bis wir einmal nachfolgen, um – hoffentlich – am Fest der Feste teilzunehmen.

15. Durch die Rose gesprochen

Symbol/Vorbereitung

Eine Rose.

Lesungen

Röm 8,31b–35.37–39: Was kann uns scheiden von der Liebe Christi?

    Siehe: Lektionar Bd. VI,2: »Schriftlesungen für Verstorbene«.

Joh 15,9–12: Bleibt in meiner Liebe.

Ansprache

Oft fehlt heute in Todesanzeigen das Kreuz. Aber es tauchen alte Symbole neu auf, die den Menschen in vielen Jahrhunderten zu etwas Liebgewordenem herangewachsen sind. Dazu gehört auch die Rose:

Sie war schon im Brautstrauß; im Blumenstrauß des Dankes, der nach der Geburt des Kindes überreicht wurde; im Strauß, der am Muttertag überreicht wurde als ein Zeichen der Aufmerksamkeit; und jetzt als Blumengebinde auf dem Sarg. Und Rosen werden noch ins Grab geworfen. Immer spricht die Liebe durch eine Rose, wenn uns Schönheit begegnet ist oder Wärme oder Zärtlichkeit. Im Rot der Blütenblätter liegt Sonne, Sommer und eine Liebe bis hin zur Leidenschaft. So danken wir jetzt für die Liebe der Verstorbenen, die sich manchmal wie ein Duft verströmte *(hier auf die positiven Eigenschaften eingehen)*.

Aber keine Liebe ohne Leid. Kaum nimmt man die Rose fest in die Hand, schon hat man sich an einem Dorn verletzt – auch, wenn die Gärtne-

reien – dem Trend der Zeit entsprechend – die Dornen entfernt haben. Es bleiben die unsichtbaren, die oft noch mehr wehtun. *(Jetzt auf die Dornen im Leben der Verstorbenen eingehen: auf die Schicksalsschläge, auf Krankheit, auf Verletzungen und Enttäuschungen.)*
Aber da sind ja die grünen Blätter der Hoffnung, die selbst in Tagen der Krankheit uns immer wieder neu aufrichten können. Im Angesicht des Todes ist es die starke Hoffnung auf die Auferstehung. »Was kann uns scheiden von der Liebe Gottes?«, hieß es in der Lesung. Und im Evangelium: »Bleibt in meiner Liebe!« Christus hat am Kreuz sein Herzblut für uns hingegeben, er lässt auch im Tod unsere Hand nicht los. Das ist unsere Hoffnung und unser Glaube!
(P. legt die Rose auf den Altar)

16. Nur die Liebe zählt im Buch unseres Lebens

Symbol/Vorbereitung
Eine Rose auf dem Buch des Lebens.

Lesungen
1 Kor 13,4–8a.13: Was die Liebe vermag.
   Siehe unter Nr. 4 in diesem Buch.

Alternativ: Offb 20,11–15: Das Gericht über alle Toten mit den vielen Büchern und dem Buch des Lebens;
Joh 15,9–12: Bleibt in meiner Liebe.

Ansprache
Eine Rose liegt auf einem Buch, dem Buch des Lebens. Unter diesem Symbol haben Sie, liebe Trauernde der Familie N., den Tod von N.N. angezeigt. Damit wollten Sie sagen: Die Liebe lag über allen Seiten ihres Lebensbuches.
Die Liebe ist auch das, was am Ende einzig zählt. Wir machen uns das in der Hast unseres Lebens oft nicht genug klar. Das Zeugnis unseres Le-

bens weist am Ende nur *ein* Fach aus. Und dieses Fach lautet: Hast du geliebt? Hast du Gott und die Menschen geliebt – wie dich selbst?

Deshalb klagen uns im Gericht die leeren Seiten in unserem Buch an: Die Gleichgültigkeit als das Gegenteil der Liebe. Gott wird vielleicht auch nach den herausgerissenen Seiten im Buch unseres Lebens fragen. Wissen Sie, die unrühmlichen Kapitel! Aber auch die Tintenkleckse lassen sich schlecht beseitigen. Wenn sein Wort stimmt, dass wir ihm in jedem Menschen begegnen können, vor allem im Notleidenden – im Leidenden (Mt 25,40), dann werden wir bei der Übergabe unseres Buches Rechenschaft darüber ablegen müssen, ob uns der wichtigste Mensch immer der war, der uns gerade gegenüberstand, und die wichtigste Tat, immer Liebe weiterzugeben.

Dann wird uns auch klar, dass dieses Buch einen festen Rücken hatte, der alle Blätter zusammenhielt, das heißt, dass Gott uns jede Stunde im Leben gehalten hat.

Aus diesem Vertrauen auf die Nähe Gottes hat die Verstorbene gelebt. So darf ich jetzt einmal ein wenig in diesem Buch blättern *(jetzt Ereignisse aus dem Leben der Verstorbenen einbringen).*

In alten Kathedralen und Domen gibt es oft ein so genanntes »Rosenfenster« zum Westen hin. Die Kreisform dieses Fensters ist Sinnbild für das ganze Weltall. Alles darin ist auf Christus in der Mitte hingeordnet, der meist als wiederkommender Christus mit seiner Mutter dargestellt ist (z.B. in Notre-Dame, Paris).

So hatte auch die Verstorbene dieses Ziel vor Augen: Ich gehe dem wiederkommenden Christus entgegen. Wenn ich ihm das Buch meines Lebens überreiche, darf ich sagen: »Mein Jesus, Barmherzigkeit!« Und wir dürfen darauf vertrauen, dass er sagen wird: »Weil du versucht hast, in der Liebe zu bleiben: Komm in mein Reich! (Du warst eingeschrieben in meine Hände.) Du stehst im großen Buch des Lebens. Tritt ein in die ewige Freude deines Herrn!«

17. Von der Sonne, die anzieht

Symbol/Vorbereitung
Abbildung einer Sonne, die sich im Wasser spiegelt.

Lesungen
Ex 14,26–31: Wie die Israeliten aus dem Meer gerettet wurden, so auch wir in der Taufe, in der wir mit Christus gestorben und auferstanden sind.

Im Buch Exodus im Alten Testament heißt es:
Darauf sprach der Herr zu Mose: Streck deine Hand über das Meer, damit das Wasser zurückflutet und den Ägypter, seine Wagen und Reiter zudeckt. Mose streckte seine Hand über das Meer, und gegen Morgen flutete das Meer an seinen alten Platz zurück, während die Ägypter auf der Flucht ihm entgegenliefen. So trieb der Herr die Ägypter mitten ins Meer. Das Wasser kehrte zurück und bedeckte Wagen und Reiter, die ganze Streitmacht des Pharao, die den Israeliten ins Meer nachgezogen war. Nicht ein Einziger von ihnen blieb übrig. Die Israeliten aber waren auf trockenem Boden mitten durch das Meer gezogen, während rechts und links von ihnen das Wasser wie eine Mauer stand. So rettete der Herr an jenem Tag Israel aus der Hand der Ägypter. Israel sah die Ägypter tot am Strand liegen. Als Israel sah, dass der Herr mit mächtiger Hand an den Ägyptern gehandelt hatte, fürchtete das Volk den Herrn. Sie glaubten an den Herrn und an Mose, seinen Knecht.

Alternativ: Röm 6,3–4.8: Mit Christus gestorben, mit ihm leben;
Mt 5,1–12a: Die Seligpreisungen, die sich in der ewigen Sonne Gottes erfüllen.

Ansprache
Sie, liebe Trauernde, haben neben die Todesanzeige das Bild einer Sonne gesetzt, deren Strahlen über das Meer gehen. Ein beruhigender Blick,

wenn wir an einem Wasser der versinkenden Sonne zusehen dürfen. In der Verstorbenen ist Ihnen aber jetzt die Sonne Ihrer kleinen Welt versunken. Doch das wäre zu vordergründig gedacht. Ich darf dieses Ihr Bild aufgreifen und entfalten:

Mit dem Blick aufs Wasser darf uns in den Sinn kommen, dass der Mensch dem Wasser gleicht: Zuerst eine quirlige Quelle, in der Jugendzeit mutig sich über Hindernisse herabstürzend, dann langsam Verantwortung übernehmend: Boote, ja Schiffe trägt es; Schmutziges und Giftiges muss es verkraften; Abgründe überwinden. So danken wir jetzt auch der Verstorbenen für all das, was sie in ihrem Leben getragen, verkraftet, überwunden hat *(einiges aufzählen)*. Jetzt, mit den Erfahrungen und Begegnungen eines ganzen Lebens, ist sie im Ozean Gottes gemündet.

Sie war aber von Anfang an nicht allein: Schon im Wasser der Taufe konnte sie die angebotene Hand Gottes ergreifen, der in seinem Sohn mit uns geht und tragen hilft. Die Taufe, so haben wir ja in der Lesung gehört, sehen die Kirchenväter als Abbild des Durchzugs durch das Rote Meer: Mit Christus sind wir in den Wassern versunken, in seiner Auferstehung gewissermaßen mit ihm den Fluten des Todes entkommen. Über alldem steht die Sonne. Und wenn wir die Sonne nach ihrem Untergehen im Ozean auch lange nicht mehr sehen: Sie strahlt auch auf der anderen Seite unserer Welt. Diese Herrlichkeit können wir erst erfahren, wenn wir auch diesen Weg gegangen sind. Das Wasser der Taufe war der Anfang des Lebens in der Gemeinschaft mit Christus und den Christen. Am Ende steht das gemeinsame Fest der Feste, bei dem wir uns alle wiedersehen.

Mit den Augen des Glaubens fällt es leichter, die Verstorbene loszulassen und dem zu überlassen, der auch uns einmal erwartet.

18. Im weiß gewaschenen Gewand zum ewigen Fest

Symbol/Vorbereitung
Ein Taufkleid.

Lesungen

Offb 7,9–14: Die beschmutzten Gewänder werden vor Gott rein gewaschen.

Der Evangelist Johannes beschreibt im letzten Buch der Bibel seine Visionen. Da heißt es:

Danach sah ich: eine große Schar aus allen Nationen und Stämmen, Völkern und Sprachen; niemand konnte sie zählen. Sie standen in weißen Gewändern vor dem Thron und vor dem Lamm und trugen Palmzweige in den Händen. Sie riefen mit lauter Stimme: Die Rettung kommt von unserem Gott, der auf dem Thron sitzt, und von dem Lamm. Und alle Engel standen rings um den Thron, um die Ältesten und die vier Lebewesen. Sie warfen sich vor dem Thron nieder, beteten Gott an und sprachen:

Amen, Lob und Herrlichkeit, Weisheit und Dank,
Ehre und Macht und Stärke unserem Gott in alle Ewigkeit.
Amen.

Da fragte mich einer der Ältesten: Wer sind diese, die weiße Gewänder tragen, und woher sind sie gekommen?

Ich erwiderte ihm: Mein Herr, das musst du wissen. Und er sagte zu mir: Es sind die, die aus der großen Bedrängnis kommen; sie haben ihre Gewänder gewaschen und im Blut des Lammes weiß gemacht.

Mt 22,8–12: Wer kein weißes Gewand vorweisen kann, wird vom himmlischen Festmahl ausgeschlossen.

Ansprache

Sie werden sicher überrascht sein, über dem Ambo ein Taufkleid ausgebreitet zu sehen. Aber ich habe erfahren, dass die Verstorbene im weißen Totenhemd im Sarg liegt. Die meisten wissen nicht mehr um diese Symbolik, und die Beerdigungsinstitute haben sich statt des einfachen Weiß schon schickere Farben einfallen lassen, in denen das Totenhemd einherkommt.

Aber das weiße Totengewand will an das Taufkleid erinnern. Dieses wurde mit den Worten überreicht: »Du bist in der Taufe ein neuer

Mensch geworden und hast Christus angezogen. Bewahre diese Würde für das ewige Leben!« Immer wenn das weiße Kleid im Kirchenraum eine Rolle spielt, will es daran erinnern: Bewahre diese Würde für das ewige Leben! – Vor *(Zahl einfügen)* Jahren ging die Verstorbene im weißen Kleid zur Erstkommunion. Da wurde die Freundschaft mit Jesus vertieft. Viele Jahre stand sie im weißen Gewand als Ministrantin am Altar, um ihrem höchsten Herrn zu dienen. Vor *(Zahl einfügen)* Jahren sagte sie im weißen Hochzeitskleid das Ja. Und sie hat das Ja zur Liebe bewiesen *(hier alle guten Seiten aufzählen)*. Dafür danken wir ihr heute.

Aber was ist, wenn dieses Gewand im Laufe des Lebens doch beschmutzt wurde, wo das Ja zur Liebe schwerfiel, wo die Tränen der Enttäuschung oder des Schmerzes die Kraft der Liebe schwinden ließen? Wir haben die gute Nachricht in den Lesungen gehört. In einer Gesellschaft, in der nur noch derjenige gerechtfertigt erscheint, der Leistung bringt, steht die Zusage Gottes: Dein Gewand wird rein gewaschen. Diese Liebe Jesu ist so groß, dass er eine Steinigung der Ehebrecherin nicht zulässt, die Sünderin eine neue Chance bekommt, der verlorene Sohn oder die verlorene Tochter nicht zurückgewiesen wird.

Nur wer dieses Geschenk Gottes nicht annehmen will, wer Gott nicht vertraut, ihm diese Liebe nicht zutraut, der wird aus dem Festsaal hinausgeworfen.

Wir sind hier, diese Größe Gottes zu feiern und unsere Verstorbene jetzt seinen barmherzigen Armen anzuvertrauen – im weiß gewaschenen Gewand der Seele.

19. Wir werden verwandelt

Symbol/Vorbereitung
Ein Schmetterling.

Hinweis
Besonders beim Tod eines Kindes.

Lesungen

1 Kor 15,42–44: Alles ist Verwandlung.
Der Apostel Paulus schreibt im ersten Brief an die Korinther:
Liebe Schwestern und Brüder!
So ist es auch mit der Auferstehung der Toten. Was gesät wird, ist verweslich, was auferweckt wird, unverweslich. Was gesät wird, ist armselig, was auferweckt wird, herrlich. Was gesät wird, ist schwach, was auferweckt wird, ist stark. Gesät wird ein irdischer Leib, auferweckt ein überirdischer Leib. Wenn es einen irdischen Leib gibt, gibt es auch einen überirdischen.

Joh 20,11–18: Halte mich nicht fest.

Ansprache

Sie, liebe Trauernde, haben in die Todesanzeige das Symbol eines Schmetterlings gesetzt. Dafür darf ich Ihnen herzlich danken, denn es gibt kaum ein besseres Symbol, das unseren Glauben an die Auferstehung versinnbildlichen kann. Krebskranke Kinder und Kinder im KZ bastelten und malten wie aus dem Unbewussten gern bunte Schmetterlinge, Ausdruck der Hoffnung auf die Auferstehung auch in allen Religionen und Weltanschauungen.

Wer würde das Wunder der Entwicklung eines Schmetterlings für möglich halten, wenn man es nicht immer wieder in der Natur beobachten könnte?: Für die Raupe auf Stummelfüßchen, schutzlos und gekrümmt im Staub der Welt unterwegs und immer nur auf Nahrungssuche, scheint im »Sarg« der Puppe das Leben zu Ende zu sein. Aber unter den Strahlen der Sonne befreit sich der Schmetterling aus dem »Grab« und schwebt hinweg über alle Hecken und Abgründe.

Wir können uns sehr wohl die Zweifel einer stacheligen Raupe vorstellen, die meinte: »Was man ist, das ist man einfach. Alles andere sind Träume. Niemand kann aus seiner Haut heraus.« Da flog neben ihr ein wunderschöner Schmetterling auf.

Alles ist also Verwandlung. Das hörten wir eben auch in der Lesung. »Gesät wird ein irdischer Leib, auferweckt ein überirdischer Leib«, der nicht mehr Raum und Zeit unterworfen ist. Uns bleibt für jetzt sozusagen nur die leere Hülle des Kokons zurück, die wir gleich in die Erde senken. Aber was den Verstorbenen so lebendig und liebenswert machte, ist geblieben, schmetterlingshaft wunderschön in einen geistigen Körper übergegangen, der über Raum und Zeit steht.

Trotzdem möchten wir ihn festhalten – so wie er in unserer Mitte war. *(Hier jetzt einiges aus seinem Leben einbringen, auch das »mühselige Kriechen«, manchmal gekrümmt im Staub unserer Welt, aber auch schmetterlingshafte Augenblicke.)* Aber wir können und dürfen ihn nicht festhalten. Jesus verweigert sich auch Maria Magdalena, als sie ihn erkennt: »Rühr mich nicht an!« Wer einen Schmetterling festhalten will, zerstört das zarte Gebilde aus buntem Staub. Das können wir auch in unserem Leben immer wieder erfahren: Glückliche Stunden oder Begegnungen festhalten zu wollen, heißt, sie zu zerstören. Aber die Sehnsucht auf die schmetterlingshafte Zeit darf in uns wachsen. Unter den Strahlen der Sonne Gottes dürfen auch wir einmal aus der Enge des irdischen Kokons herausschlüpfen, um dann miteinander bei dem zu sein, der uns durch Tod und Auferstehung diese große Zukunft, diese Hoch-Zeit, ermöglicht hat. Ihm empfehlen wir den Verstorbenen und uns an: Herr, lass uns Flügel wachsen, die uns aus Krankheit, Not und Zweifel in die Sonne deiner Herrlichkeit tragen.

20. Offen sein für die Verwandlung

Symbol/Vorbereitung
Ein Schmetterling.

Hinweis
Besonders beim Tod eines Kindes.

Lesungen
1 Kor 15,51.53.54b–57: Wir werden verwandelt werden.
    Siehe: Lektionar Bd. VI,2: »Schriftlesungen für Verstorbene«.

Joh 12,24–26: Wenn das Weizenkorn in die Erde fällt, bringt es reiche Frucht.

Ansprache

Wir haben die Lesungen von den Verwandlungen gehört. Alles im Leben ist Verwandlung, obwohl wir – wenn wir auf den Schmetterling schauen – vom Verstorbenen nur noch den leeren Kokon besitzen.
Dabei ist alles im Leben Verwandlung. Ich darf die Behauptung durch zwei Begebenheiten unterstreichen:
1. Der Sohn eines Seidenspinners war jung gestorben. Der Vater ging traurig zum Weisen Meng Tse und fragte: »Warum muss der Mensch sterben?« Der Weise antwortete: »Der Mensch stirbt nicht! Du weißt es doch von deinem Beruf her: Aus den Eiern deiner Spinner schlüpfen die Raupen, die den Kokon durchbrechen und eine neue Brut hinterlassen. Ei, Raupe, Spinner sind nicht das Gleiche, aber zusammen gesehen wirkt sich das Leben immer fort. Ist das nicht eine Art von ewigem Leben, das nie stirbt?« Sie saßen lange schweigend da.
Dann sagte der Seidenspinner: »Ich weiß, du sprichst in Bildern, aber ich will mich der Wahrheit beugen.« Da sagte der Weise noch ein Letztes, während sein Antlitz schon mit der Dunkelheit verschwamm: »Ja, schärfe dein Auge! Es gibt keinen Tod. Alles Leben ist nur ein Gleichnis. Trage deine Trauer in diese Sicht der Dinge, die über dein Inneres große Ruhe ausbreiten wird.«
2. Die zweite Begebenheit spricht von einer kleinen Pfütze, die sehr fröhlich ist, die ganze Weite des Himmels widerspiegelt, aber die Sonne fürchtet. Warum? Sie können es sich denken: Sie fürchtet die Verwandlung, weil sie sich nicht ganz sicher ist. Wir könnten ihr stundenlang vergeblich vom Meer erzählen als *der* Heimat und *der* Geborgenheit für alle Pfützen der Welt – genau, wie ich einigen unter uns die Zweifel an der Auferstehung nicht wegreden kann. Es hilft nur die Sehnsucht, die uns wachrütteln will! Wir spüren doch hin und wieder, wenn wir uns von Hast und Stress und Medien nicht vereinnahmen lassen, dass der Partner/die Partnerin, die Kinder, der Wohl-

stand letztlich nicht genügen. Es muss darüber hinaus mehr geben als all das. Unsere Zeit erlebt immer mehr diese Sehnsucht nach Mehr! Deshalb stand in dieser Geschichte von der Pfütze nach dem langen Gespräch ein paar Tage danach ihre Botschaft im Sand, die lautete: »Danke, du hast meine Sehnsucht geweckt. Als die Sonne mich umarmte in all der neu entdeckten Zärtlichkeit, konnte ich nicht widerstehen und tanzte mit ihr empor zu den Pfaden der Wildgänse, die mir den Weg zeigen werden zum Meer. Komm bald nach! Und vergiss nicht ...« (nach Peter Horton).

Die Sonne Gottes umarmt jetzt den Verstorbenen. Darum feiern wir jeden Sonntag diese Ostersonne, die auch uns bereit machen möge zur Verwandlung. Damit wir leichter nachfolgen können. Aber zuerst dürfen wir dem Verstorbenen danken für all die Stunden, in der er uns den Himmel widerspiegelte *(Genaueres)*. Und wenn sich einiges unter der Oberfläche ansammelte, dann empfehlen wir das der Barmherzigkeit Gottes.

Und vergessen wir nicht die Worte der Lesung: »Seht, ich enthülle euch ein Geheimnis: Wir werden alle verwandelt werden!« (1 Kor 15,51).

21. Sich an der Sonne Gottes ausrichten

Symbol/Vorbereitung
Eine Sonnenblume.

Lesungen
Phil 3,20–21: Unsere Heimat ist im Himmel.
　Siehe: Lektionar Bd. VI,2: »Schriftlesungen für Verstorbene«.

Joh 12,24–26: Wer um die Gesetze der Natur weiß: Das Samenkorn muss sich verwandeln;

Alternativ: Joh 8,12 und Mt 5,14–16: Wenn wir uns an der Sonne Gottes ausrichten, werden wir zum Licht für die Welt.

Ansprache

Die Todesanzeigen in den Zeitungen zeigen immer seltener ein Kreuz, dafür aber neue Kreationen, die auch unseren Blick weiten können: eine gebrochene Rose, einen Stern, eine offene Tür und manchmal auch eine Sonnenblume.

Die Sonnenblume passt zum Leben des Verstorbenen, der so eng mit der Natur lebte: Er kam aus der Landwirtschaft ... *(jetzt weitere Informationen)* ... und säte immer wieder Sonnenblumen, um im Winter genügend Vorrat für die Vögel zu haben. Mit der Sonnenblume als Symbol für sein Leben will gesagt sein:

1. Wer sich an der Sonne Gottes ausrichtet – und eine junge Sonnenblume wendet sich ihr von morgens bis abends zu –, der wird, wenn er genügend Kräfte gesammelt hat, selbst zur Sonne für seine Umgebung. So vertraute der Verstorbene Gott aus ganzem Herzen und gab davon in seiner Liebe weiter *(jetzt folgen Begründungen bis hin zum Vereinsleben usw.).* Wir danken ihm dafür.

2. Wer sich an der Sonne Gottes ausrichtet, der lässt die Schatten hinter sich. Das ist dem zugesagt, der sich vom Vertrauen auf die Barmherzigkeit Gottes leiten lässt: Die Schatten seiner Schuld fallen hinter ihn. Dafür ging Jesus, die Sonne der Gerechtigkeit (GL 644), in den Tod, damit uns ewig die Sonne der Liebe Gottes aufleuchtet.

3. Wenn wir meinen, die Sonnenblume stirbt langsam, weil sie den Kopf immer tiefer sinken lässt, dann ziehen in Wirklichkeit die schweren Körner sie nach unten. Es kommt eigentlich die Reifezeit ihres Lebens: Wir können beobachten, wie schon etwas von dem, was wir im Leben gesät haben, weiterwirkt. Wie sich die Vögel im Herbst um die Sonnenblumenkerne zanken und dabei auch Körner verloren gehen, die nächstes Jahr als Sonnenblume unvermutet irgendwo wachsen, so können wir im Verhalten der Kinder, Enkel oder Urenkel etwas von dem weiterwachsen sehen, was uns beflügelt hat.

Da passt der Text des Liedes: »Niemals geht man so ganz, irgendwas von dir bleibt hier ...«

So vertrauen wir Gott die Ernte des Verstorbenen an und danken für dessen Blumenkerne, an denen wir uns weiter erfreuen, die auch in Kindern, Enkeln, Urenkeln weiterleben. Bitten wir Gott, dass er jetzt den Mantel seiner Barmherzigkeit über all das legt, was an Schatten im Leben des Verstorbenen jetzt noch von der Sonne Gottes aufzusaugen ist.

22. Am Ende des Regenbogens sehen wir uns wieder

Symbol/Vorbereitung

Ein Regenbogen.

Lesungen

Gen 9,12–17: Der Regenbogen als Zeichen des Bundes mit Gott.

Im Buch Genesis, im ersten Buch der Bibel, heißt es:

Und Gott sprach: Das ist das Zeichen des Bundes, den ich stifte zwischen mir und euch und den lebendigen Wesen bei euch für alle kommenden Generationen: Meinen Bogen setze ich in die Wolken; er soll das Bundeszeichen sein zwischen mir und der Erde. Balle ich Wolken über der Erde zusammen und erscheint der Bogen in den Wolken, dann gedenke ich des Bundes, der besteht zwischen mir und euch und allen Lebewesen, allen Wesen aus Fleisch, und das Wasser wird nie wieder zur Flut werden, die alle Wesen aus Fleisch vernichtet. Steht der Bogen in den Wolken, so werde ich auf ihn sehen und des ewigen Bundes gedenken zwischen Gott und allen lebenden Wesen, allen Wesen aus Fleisch auf der Erde. Und Gott sprach zu Noach: Das ist das Zeichen des Bundes, den ich zwischen mir und allen Wesen aus Fleisch auf der Erde geschlossen habe.

Joh 6,37–40: Mein Vater will, dass ich keinen zugrunde gehen lasse.

Ansprache

Sie, liebe Trauernde, haben in die Todesanzeige des Verstorbenen einen Regenbogen gesetzt. Dieses internationale Zeichen für Frieden und Versöhnung mag den Menschen, die das gesehen haben, signalisiert haben: Da ist ein friedliebender Naturfreund gestorben; denn der Regenbogen ist ja ein gewaltiges Zeichen der Natur, zu dem wir immer wieder staunend emporschauen.

Dieses Symbol stammt aus der Bibel. Wir haben in der Lesung eben gehört, dass es nicht nur als Zeichen für Versöhnung steht, sondern für den Bund des Himmels mit der Erde.

Manchmal finden Sie in Kirchen oder auf Osterkerzen einen Regenbogen abgebildet. Auf dem Regenbogen thront Jesus und oft stützt er die Füße auf der Erdkugel ab wie auf einem Schemel. Er, der gewaltige Herr des Himmels und der Erde, hat diesen Bund Gottes mit Noach erneuert. So heißt es in den Wandlungsworten: »Nehmet und trinket alle daraus. Das ist der Kelch des neuen *und ewigen Bundes mit Gott*. Mein Blut, das für euch und für alle vergossen wird zur Vergebung der Sünden.« Jesus kam also in die Welt, um diesen Bund zu erneuern.

Wir Menschen bleiben alle hinter unseren Möglichkeiten zurück. So dürfen wir auch den Verstorbenen in all seinen Unzulänglichkeiten Jesus anvertrauen.

In dieser Stunde danken wir ihm aber auch für seine Leuchtkraft; denn an vielen Stellen war er ein kleiner Regenbogen über seiner Familie, über seinem Verein und in seinem Engagement auch für unsere Gemeinschaft *(hier Genaueres aufzählen)*.

Einmal bekam ich eine Todesanzeige, die vom tragischen Tod eines 15-jährigen Jungen berichtete, der mit dem PKW seiner Eltern losgefahren war und nicht mehr zurückkam. Darin stand unter einem angedeuteten Regenbogen: »Ganz weit draußen am Ende des Regenbogens werde ich auf euch warten …!« Ein schöner Gedanke: In Jesus Christus ist ein Bogen gespannt von dieser Welt zur eigentlichen, die wir noch nicht sehen können. Dort am anderen Ende dieser Brücke, über die wir alle noch gehen müssen, will er warten, bis das gemeinsame Fest der Feste beginnt.

23. Von der Auferstehung und den Früchten des Lebens

Symbol/Vorbereitung
Ein dürrer Apfelbaumzweig und ein schöner, pausbäckiger Apfel.

Lesungen
Phil 3,20–21: Er wird unseren armseligen Leib in seinen verherrlichten verwandeln.
Siehe: Lektionar Bd. VI,2: »Schriftlesungen für Verstorbene«.

1 Joh 3,14–16: Wer nicht liebt, bleibt im Tod.
Siehe: Lektionar Bd. VI,2: »Schriftlesungen für Verstorbene«.

Joh 3,14–18: Jesus kam, um die Welt zu retten.

Ansprache
(*P. zeigt den dürren Apfelzweig:*) Sie sehen hier einen dürren Apfelzweig. Wäre uns der Ablauf in der Natur nicht geläufig, käme sicher Protest, wenn ich jetzt behaupten würde (*P. zeigt den schönen Apfel*): Dieser schöne Apfel ist aus diesem dürren Zweig gewachsen.
Ähnlich ist es mit dem Glauben an die Auferstehung – nur mit der Schwierigkeit, dass keiner von uns bisher auf die andere Seite sehen konnte. Wenn wir daran denken, wie armselig und verbraucht mancher menschliche Körper vor seinem Tod ausschaut, wer kann dann mit Überzeugung sagen, was wir eben in der Lesung gehört haben: »Gott wird unseren armseligen Leib in den verherrlichten Leib Jesu Christi verwandeln!« (Phil 3,21)?
Aber das ist unser Glaube, der sich am auferstandenen Jesus Christus und am Zeugnis seiner Jünger orientiert. Und es gibt genügend Menschen, die dazu Ja gesagt haben und befreit auf die andere Seite des Lebens gegangen sind.
Dieser dürre Apfelzweig kann aber auch einiges über das Leben des Verstorbenen aussagen: Auch er musste alle Zweige, die an seinem Lebens-

baum in sich selbst verliebt nach innen wuchsen, abschneiden, damit die Zweige genügend Früchte bringen, die zum Licht wachsen. Er musste seine Kräfte schützen, damit Fröste und Borkenkäfer dieser Welt nicht alles vernichten *(eventuell Beispiele des Ringens erwähnen)*.

Aber es ist wichtiger, *(P. zeigt den Apfel)* auf die Früchte seines Lebens zu schauen und dankbar anzuerkennen, was er geleistet hat *(Beispiele)*.

So bitten wir jetzt, dass Gott die Früchte seines Lebens annimmt und auch das Tuch seiner Barmherzigkeit über all das legt, was die Witterung unserer Zeit oder der Wurm des Bösen verderben ließ.

(P. legt den Apfel auf den Altar.)

24. Vom Vogel, der singt, wenn die Nacht noch dunkel ist

Symbol/Vorbereitung
Ein Vogel.

Lesungen
Phil 3,20–21: Unsere Heimat ist der Himmel.
  Siehe: Lektionar Bd. VI,2: »Schriftlesungen für Verstorbene«.

Joh 17,24–26: Alle sollen meine Herrlichkeit sehen.

Ansprache
Auf Ihrer Todesanzeige, liebe Trauernde, ist ein Vogel zu sehen. Auch auf manchen Grabsteinen, vor allem bei jungen Menschen, die allzu früh gehen mussten, ist ein Vogel dargestellt, der froh singt, aber auf einem abgebrochenen Ast sitzt.

Vielleicht kommt uns, wenn wir trauern, ein Vogel in den Sinn, weil er dem Himmel etwas näher lebt als wir. Oder weil eine zu Gott emporsteigende Seele in der Kunst oft wie ein Vogel dargestellt wird.

Oder, wie es auf einer anderen Anzeige hieß: »Gönnt mir jetzt meine Freiheit. Ich möchte jetzt fliegen wie ein Vogel.«

Für gläubige Menschen ist das zu wenig. Da denke ich lieber an Rose Kennedy, die mit 93 Jahren bei einem Interview sagte: »Gott will nicht, dass wir traurig sind. Vögel singen nach einem Sturm. Warum sollten wir das nicht auch tun?« Dabei starben vier ihrer neun Kinder eines gewaltsamen Todes. Eine Tochter war ihr ganzes Leben lang schwer behindert. Und sie hatte ihren Ehemann lange genug überlebt, um in der Presse immer und immer wieder sein skrupelloses Leben geschildert zu sehen.

Es gibt noch einen Spruch zum Vogel, der gefällt mir am besten: »Der Glaube ist der Vogel, der singt, wenn die Nacht noch dunkel ist« (aus China).

Was hier ziemlich allgemein ausgedrückt ist, hat in Jesus ganz genaue Konturen erhalten. Wir haben es eben in den Lesungen gehört: Unsere Heimat ist der Himmel. Und Jesus möchte, dass alle seine Herrlichkeit sehen und dass wir daran teilhaben.

Er kann jetzt schon unserer Seele Flügel geben, wenn die Trauer sie gefangen hält. Das muss noch nicht heute oder morgen sein. Jetzt ist aber auch die Stunde des Dankes *(jetzt auf das Gute eingehen, das der Verstorbene in seinem Leben bewirkte)*. Manchmal war sein Flügelschlag auch matt *(jetzt auf die Ereignisse im Leben des Verstorbenen eingehen, die zu Boden zogen)*. So, wie er war, geben wir ihn jetzt seinem Schöpfer und Erlöser zurück. Und wir wollen nicht vergessen: Unser Glaube an den Auferstandenen ist wie ein mächtiger Vogel, der singt, wenn die Nacht der Trauer und des Verlustes noch dunkel ist.

25. Auf dem Flug in den ewigen Frieden

Symbol/Vorbereitung
Die Taube mit dem Ölzweig.

Lesungen
Gen 8,6–12: Die Taube als Bote: Die Erde ist wieder bewohnbar.

Im ersten Buch der Bibel, im Buch Genesis, heißt es:

Nach vierzig Tagen öffnete Noach das Fenster der Arche, das er gemacht hatte, und ließ einen Raben hinaus. Der flog aus und ein, bis das Wasser auf der Erde vertrocknet war. Dann ließ er eine Taube hinaus, um zu sehen, ob das Wasser auf der Erde abgenommen habe. Die Taube fand keinen Halt für ihre Füße und kehrte zu ihm in die Arche zurück, weil über der ganzen Erde noch Wasser stand. Er streckte seine Hand aus und nahm die Taube wieder zu sich in die Arche. Dann wartete er noch weitere sieben Tage und ließ wieder die Taube aus der Arche. Gegen Abend kam die Taube zu ihm zurück, und siehe da: In ihrem Schnabel hatte sie einen frischen Olivenzweig. Jetzt wusste Noach, dass nur noch wenig Wasser auf der Erde stand. Er wartete weitere sieben Tage und ließ die Taube noch einmal hinaus. Nun kehrte sie nicht mehr zu ihm zurück.

Joh 20,19–23: Der Auferstandene verkündet den Frieden.

Ansprache

Sie haben, liebe Trauernde, neben die Todesanzeige eine Taube mit einem Ölzweig im Schnabel als Symbol gesetzt. Zunächst haben Sie sicher an den legendären Seelenvogel des Verstorbenen gedacht, der zum Paradies in den ewigen Frieden emporschwebt.
Die wenigsten wissen, dass diese Taube mit dem Ölzweig, die in allen Völkern als Friedenssymbol verstanden wird, biblischen Ursprungs ist. Sie erinnern sich an das, was wir eben in der Lesung gehört haben und noch aus der Noach-Erzählung von der Sintflut kennen: Gott schließt mit den Menschen einen neuen Bund, der keine Sündenflut mehr bestraft; er verspricht damit den ewigen Frieden. Dennoch fühlen Sie sich jetzt traurig und verlassen. Genau wie die Jünger, die sich nach dem Karfreitag aus Angst vor den Juden eingeschlossen haben. Da trat Jesus in ihre Mitte und versprach wieder diesen Frieden und Vergebung der Schuld.
Wer heutzutage den Glauben an ein Leben nach dem Tod verloren hat, verkürzt eigentlich sein Leben – aufs Ganze gesehen – unendlich. Denn das eigentliche Leben liegt ja noch vor uns. Es sieht zwar so aus, als

brächten sich trotz Friedensbemühungen die Menschen bald selber um, aber wir glauben an die Kirche, an die Arche über allen Abgründen der Welt, die die wichtigste Botschaft zu verkünden hat: »Es gibt keine Toten. Es gibt nur Lebende: Lebende hier und im Jenseits.«

Das ist keine Fata Morgana, sondern in Jesus Christus Wirklichkeit geworden. Was vermag uns in unserer Sintflut-Situation am meisten zu trösten? Es ist doch der Glaube an die ununterbrochene Gegenwart unserer Verstorbenen. Sie haben nur die Verwandlung schon vollzogen, die noch vor uns liegt, die mit dem Aufstieg der Taube in das Licht beginnt, um dann Gottes Liebe zu erfahren im ewigen Frieden.

So danken wir in dieser Stunde, dass wir den Verstorbenen in unserer Mitte haben durften *(jetzt Beispiele nennen, die zum Dank veranlassen)*. Wir bitten Gott um Versöhnung für das, was der Verstorbene in seinem Leben falsch gemacht hat, und glauben an ein Wiedersehen.

26. Der Mensch gleicht dem Baume

Symbol/Vorbereitung

Eine Baumscheibe, die ca. 60–80 Jahresringe zeigt.

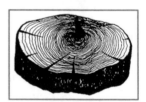

Lesungen

Offb 22,1–5: Die Bäume des Lebens tragen jeden Monat Früchte.
Siehe unter Nr. 5 in diesem Buch.

Joh 12,24–26: Wenn das Weizenkorn nicht in die Erde fällt;
Joh 11,25–27: Wer an mich glaubt, wird leben, auch wenn er stirbt.

Ansprache

In den letzten Jahren häuft sich bei Todesanzeigen in den Zeitungen die Darstellung eines Baumes; oft ist es ein Baum, an dem ein Ast abgebrochen ist. Den Baum kennen alle Weltreligionen als Symbol. Er ist ein schönes Sinnbild für den Menschen: Mit der Erde verwurzelt, steht er aufrecht da und streckt sein Laubwerk, seine »Arme«, zum Himmel. Eines Tages bricht er zusammen; aber seine Früchte leben weiter.

Hier habe ich eine Baumscheibe, auf der ich ungefähr 60–80 Jahresringe zählen kann; das entspricht ungefähr dem Alter, das die Verstorbene erreichte. Wir können an jedem Jahresring ablesen, ob das Jahr sehr feucht oder trocken, mit mehr oder weniger Sonne verbunden war.

So gab es auch im Leben der Verstorbenen enge Jahresringe, trockene Jahre *(jetzt darauf eingehen, was an Leid, Krankheit, Schicksalsschlägen … zu schaffen machte)*. Aber es gab auch breite Ringe: lebendige Einflüsse, die schneller wachsen ließen *(jetzt auf die guten Seiten des Charakters eingehen, auf die besonderen Talente und das Engagement in Gemeinschaften; ja Berufungen, die wir an ihr geschätzt haben)*. Die innersten Ringe sind die abgehärtesten, das Rückgrat des Baumes. Trotzdem mussten auch sie beweglich bleiben, um im Sturm nicht abzuknicken; was die Verstorbene in guten und bösen Tagen hielt, war ihr Glaube (Liebe, Hoffnung), sich letztlich von Gott gehalten zu wissen, sich aber auch an der Hand Jesu wie im Windschatten zu bewegen. Wir danken ihr für dieses Zeugnis.

Wir wissen aus der Bibel: Vom Baum des Paradieses – auch sinnbildlich gesprochen – kam der Tod und vom Baum des Kreuzes kam die Erlösung. Wir wünschen der Verstorbenen, dass ihr jetzt der Weg zum Paradiesesbaum an den Wassern des Lebens offensteht und sie hier die Früchte zu neuem Leben pflücken darf – wie wir es eben in der Lesung gehört haben. Wir aber stehen noch in manchen Stürmen des Lebens. Wir wissen nicht, wie viele Jahresringe wir noch bilden können. Aber mit Gottes Hilfe dürfen wir mit Rainer Maria Rilke sprechen: »Wir werden den letzten vielleicht nicht vollbringen, aber versuchen wollen wir ihn.«

27. Wir fallen – aber in Seine Hände

Symbol/Vorbereitung
Fallende Blätter / ein buntes Blatt.

Lesungen
2 Kor 5,1.6–7.9a.10: Wenn unser irdisches Zelt abgebrochen wird, haben wir eine Wohnung von Gott.
   Siehe: Lektionar Bd. VI,2: »Schriftlesungen für Verstorbene«.

Joh 12,24–26: Wenn das Weizenkorn nicht in die Erde fällt …

Ansprache
Sie haben, liebe Trauernde, als Symbol auf der Todesanzeige fallende Blätter ausgewählt. Sicherlich möchten Sie damit Ihre Trauer bekunden. Diese Trauer dürfen wir auch nicht abkürzen. Aber da wir mit den Augen des Glaubens immer weiter schauen dürfen, möchte ich schon in dieser Stunde des Abschieds unseren Blick etwas weiten.
Zunächst sind die Blätter nicht alles, was vom abgebrochenen Baum des Verstorbenen übrig bleibt. Denn unter dem Laub liegen die Früchte dieses Baumes. Darum darf ich zunächst dafür danken, dass wir N.N. gehabt haben *(hier auf die »Früchte« seines Lebens eingehen)*. Von diesen Früchten dürfen auch die Kinder und Enkel noch viele Jahre kosten.
Doch bleibt dieser Trost begrenzt. Er gibt Ihnen den lieben Verstorbenen nicht zurück. Darum darf ich ein sehr bekanntes Gedicht zitieren, das unseren Blick über den Horizont dieser Welt hinaus weitet. Es stammt von Rainer Maria Rilke:

> Die Blätter fallen, fallen wie von weit,
> als welkten in den Himmeln ferne Gärten;
> sie fallen mit verneinender Gebärde.
> Und in den Nächten fällt die schwere Erde
> aus allen Sternen in die Einsamkeit.

Wir alle fallen. Diese Hand da fällt.
Und sieh dir andre an: es ist in allen.
Und doch ist Einer, welcher dieses Fallen
unendlich sanft in seinen Händen hält.

Ich habe genau nachgezählt: Sieben Mal steht da das Wort »fallen«. Insofern hat der Dichter die Trauer über den Verlust nicht abgekürzt. Aber dann folgt die letzte Doppelzeile, die so viel Hoffnung ausströmt:

Und doch ist Einer, welcher dieses Fallen
unendlich sanft in seinen Händen hält.

Der Dichter glaubt also an eine große Hand, die alles auffängt, was sich auffangen lassen will.
Was hier mit Blick auf Gott gesagt ist, wurde in Jesus Christus Wirklichkeit. Er, der uns schon in der Taufe an die Hand nahm, der der Dritte in Ihrem Bund sein wollte, der uns in jedem Sakrament ganz nahe kommt, der hat uns auf das Gleichnis vom Weizenkorn hingewiesen: Es gibt keinen Tod, es gibt nur Verwandlung: »Wenn das Weizenkorn nicht in die Erde fällt und stirbt, d.h. genauer: sich verwandelt, bleibt es allein. Wenn es sich aber verwandelt, bringt es reiche Frucht!« Der Auferstandene bezeugt es an sich selber: Er wurde vermeintlich tot wie ein Samenkorn in die Erde gelegt. Das aber spross an Ostern ins Leben und gibt uns Hoffnung über den Tod hinaus.
Darum bewahrt Jesus Christus unser Leben bis ins ewige Fest, wo wir alle zur großen Völkergemeinschaft zusammenfinden und Leben in Fülle haben werden.
Trösten wir so einander: Der Tod hat nicht das letzte Wort! Es wartet die große barmherzige Hand Gottes auf uns. Wir fallen, das ist unser Menschenschicksal, aber wir fallen in Seine Hände.

28. Über die Luftbrücke miteinander verbunden

Symbol/Vorbereitung
Ein Ginkgoblatt.

Lesungen
1 Kor 13,4–8a.13: Die Liebe vermag alles; sie überwindet selbst den Tod.
   Siehe unter Nr. 4 in diesem Buch.

Joh 15,9–12: Bleibt in meiner Liebe.

Ansprache
Auf Ihrer Todesanzeige, liebe Trauernde, fand ich als Symbol ein Ginkgoblatt. Das ist ungewöhnlich. Wer sich aber in der Symbolsprache auskennt, weiß, dass Sie ein Symbol für die Liebe und die Unsterblichkeit gewählt haben.
Das zweigeteilte Blatt ist wirklich ein schönes Symbol für die Liebe: Es vermittelt den Eindruck, als ob in jedem Blatt zwei Blätter ineinander verwachsen sind; die beiden Fächer aber wachsen jeweils in eigene Richtungen. Sie konnten in Ihrer Ehe erfahren, dass Liebende zusammenhalten, aber auch ein Stück eigenständig bleiben müssen. Wie es so treffend in der Mongolei heißt: »Wenn Mann und Frau auf demselben Kissen schlafen, haben sie dennoch verschiedene Träume.«
Bei allen eigenen Wegen und aller Selbstverwirklichung kam es natürlich auf die Treue an, sonst wäre das Ja vor dem Traualter nicht durchzuhalten gewesen. So dürfen Sie sich an schöne Dinge erinnern *(aufzählen: wie viele gemeinsame Jahre, Kinder, Enkel, Höhen und Tiefen, die zusammen gemeistert wurden)*. Wir danken Ihnen für diese Jahre gelebter Liebe, an der sich die Jugend orientieren kann.
Gemeinsam sind Sie gewachsen, ohne sich anzugleichen. Sie haben Spannungen ausgetragen und dennoch in Harmonie gelebt.
Aber jetzt hat der Tod an diesem Blatt gerissen. Hat er es genau in der Mitte auseinandergerissen? Die Lesung sagte: »Die Liebe vermag alles!

Es gibt eine Liebe über den Tod hinaus!« Und Jesus weist dieser Liebe den Weg, wenn er im Evangelium sagt: »Bleibt in meiner Liebe!« Er ist jetzt gewissermaßen die Luftbrücke zu Ihrem Ehegatten, bis die beiden Hälften auf einer anderen Ebene wieder zusammengeführt werden. Er war ja auch schon der Dritte im Bund der Ehe, der Sie zusammenhalten wollte. Das ist unser Glaube, dass wir uns alle auf der anderen Seite des Lebens wiedersehen. Jesus ist gestorben und auferstanden, um eine Brücke zu schlagen von unserer sichtbaren in die unsichtbare große Welt Gottes, die uns ganz nahe ist.

Ich wünsche Ihnen, N.N., eine ganz große Hoffnung darauf. Und die möchte ich an einem Ginkgobaum aufzeigen: Dieser Baum ist ja auch ein Symbol für die Unsterblichkeit, weil er viertausend Jahre alt werden kann; also eine fast unbesiegbare Lebenskraft besitzt:

In Hiroshima, der Stadt, auf die 1945 die erste der beiden Atombomben fiel, stand ein Ginkgo nur achthundert Meter von dem Punkt entfernt, an dem die Bombe explodierte. In dieser Zone wurde die gesamte Erde verbrannt. Doch im Frühjahr 1946 geschah das Wunder: Ein frischer Trieb schob sich aus dem Wurzelstock. Der Baum hatte überlebt! Sie können verstehen, dass ganz Hiroshima dorthin pilgerte.

So eine unbändige Kraft wünsche ich Ihnen, N.N. Sie gründet sich auf den Auferstandenen. Und zu dem wollen wir jetzt für den Verstorbenen beten; aber auch darum, dass Sie und wir mit dem leeren Platz an Ihrer und unserer Seite fertig werden.

29. Unterwegs mit dem Stützstab

Symbol/Vorbereitung
Ein Wanderstab des Verstorbenen.

Hinweis
Besonders geeignet bei Wanderfreunden.

Lesungen

Ps 23: Sein Stock und sein Stab geben mir Zuversicht.
Im Buch der Psalmen heißt es – und viele nennen ihn als Lieblingspsalm:
Der Herr ist mein Hirte,
nichts wird mir fehlen.
Er lässt mich lagern auf grünen Auen
und führt mich zum Ruheplatz am Wasser.
Er stillt mein Verlangen;
er leitet mich auf rechten Pfaden,
treu seinem Namen.
Muss ich auch wandern in finsterer Schlucht,
ich fürchte kein Unheil;
denn du bist bei mir.
Dein Stock und dein Stab geben mir Zuversicht.
Du deckst mir den Tisch
vor den Augen meiner Feinde.
Du salbst mein Haupt mit Öl,
du füllst mir reichlich den Becher.
Lauter Güte und Huld werden mir folgen mein Leben lang,
und im Haus des Herrn darf ich wohnen
für lange Zeit.

Lk 24,13–35: Die Emmausjünger erleben Jesus als Stütze.
Alternativ: Joh 14,1–6: Ich bin der Weg.

Ansprache

Diesen schönen Wanderstab hier hat der Verstorbene in Ehren gehalten. Wie viele Kilometer ist er mit Wanderfreunden damit unterwegs gewesen!?
Auch Ihre Ehe, Frau N.N., war wie eine Wanderung, bei der es nicht so sehr darauf ankam, sich verliebt anzuschauen, als vielmehr gemeinsam in dieselbe Richtung zu sehen.

So haben Sie Sonnenschein und Regen auf Ihrem Weg gespürt. *(Hier einige Ereignisse aufzählen.)* Eigentlich ist der wichtigste Tag im Leben immer der heutige, der wichtigste Mensch immer der, dem wir gerade begegnen, und die wichtigste Tat immer, das Gute zu versuchen.

Dieser Wanderstab war auf steilen oder rutschigen Wegen auch eine Gehhilfe, ja ein Stützstab, der das Herz beim Aufstieg und die Knie beim Abstieg entlastete.

So ein Stützstab war und ist auch der Glaube an einen barmherzigen Gott. Da hieß es eben in Psalm 23: »Muss ich auch wandern in finsterer Schlucht, ich fürchte kein Unheil; denn du bist bei mir; dein Stock und dein Stab geben mir Zuversicht« (Ps 23,4–5). Jetzt sind Sie, Frau N.N., in einer finsteren Schlucht angekommen. Da wünschen wir Ihnen diese Stütze von Gott her ganz besonders. Eine Hilfe sind auch Wanderfreunde, das heißt eine Gemeinschaft um uns herum. In die Gemeinschaft der Kirche haben unsere Eltern uns ja taufen lassen, damit wir nicht alleine die Wege des Glaubens gehen, sondern zusammen mit anderen. Schauen wir einmal um uns herum: Gerade in dieser Stunde ist diese Gemeinschaftserfahrung ungeheuer wichtig.

Im Evangelium hörten wir von den Emmausjüngern, die traurig und enttäuscht, ja im Innersten geknickt unterwegs sind – wie Sie jetzt. Als der Unbekannte in ihrer Mitte mitgeht, beginnt langsam ihr Herz wieder zu brennen. Dieser Jesus bietet sich jetzt auch an – im Wort, in seinem lebendigen Brot und in seiner Gegenwart, mitzugehen und mitzutragen. Dass Sie das spüren, das wünschen wir Ihnen und allen, die mit dem leeren Platz an ihrer Seite leben müssen – bis wir alle einmal in Emmaus ankommen und am ewigen Fest teilnehmen dürfen. Ja, auf den Kränzen am Sarg darf ruhig bei aller Trauer auch stehen: »Auf Wiedersehen!«

30. Von der Brücke über dem Abgrund

Symbol/Vorbereitung
Eine Brücke.

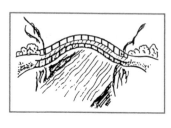

Lesungen
2 Kor 5,1.6–7.9a.10: Wenn das irdische Zelt abgebrochen wird, haben wir eine Wohnung von Gott.
   Siehe: Lektionar Bd. VI, 2: »Schriftlesungen für Verstorbene«.

Joh 14,1–6: Ich gehe, um einen Platz für euch vorzubereiten.

Ansprache
Sie haben, liebe Trauernde, auf der Todesanzeige eine Brücke als Symbol hinzugefügt. Sie wollten damit Ihren Glauben bekunden: Das Kreuz Jesu ist über den letzten Abgrund gelegt und wird zur Brücke für alle Menschen guten Willens. Wir beten dafür, dass der Verstorbene jetzt über diese Brücke geht und wir dasselbe in unserem Tod auch tun. So wird Getrenntes wieder zusammengeführt.

Die Ärztin Elisabeth Kübler-Ross, die unendlich viele Gespräche mit ehemals klinisch Toten geführt hat, sagte einmal: »Der Tod ist nur der Übergang von diesem Leben zu einer anderen Existenz, in der es keinen Schmerz und keine Angst mehr gibt.«

Da war ein Wort in der Lesung, bei dem wir allerdings zusammenzucken konnten: »Vor dem Richterstuhl wird offenbar, ob wir dem Herrn gefallen, bevor jeder seinen Lohn empfängt für das Gute oder das Böse, das er im irdischen Leben getan hat« (2 Kor 5,9.10). Es gelten also diesseits und jenseits dieselben Gesetze. Nämlich: Jesus sagt: »Bleibt in meiner Liebe! Wenn ihr meine Gebote haltet, werdet ihr in meiner Liebe bleiben!« (Joh 15,9.10). Wir sehnen uns doch nach Gerechtigkeit bei so viel Ungerechtigkeit in dieser Welt. Wenn sie auf dieser Seite der Brücke nicht erkennbar wird, wie dann? Die Antwort lautet: Nur die Liebe zählt – auf dieser Seite des Ufers wie auf der anderen.

Das musste auch ein Reicher erfahren, der sich kurz vor seinem Tod noch einen Beutel Gold um den Hals binden ließ, um auf der anderen Seite der Brücke weiter in Saus und Braus leben zu können. Und richtig: Auf der anderen Seite waren köstliche Speisen aufgetischt. Das ist natürlich nur die Symbolsprache für unseren eigenen Hunger nach Liebe. Er ging zufrieden herum und wählte sich das Beste aus – wie er das gewohnt war. Als er aber mit einem Goldstück bezahlen wollte, schüttelte der Verkäufer-Engel bedauernd den Kopf und sagte: »Du hast offensichtlich wenig auf der anderen Seite gelernt. Hier nehmen wir nur das Geld an, das du in deinem Leben *verschenkt* hast.«

Nur die Liebe zählt! So denken wir jetzt dankbar an all das zurück, was der Verstorbene uns in seinem Leben geschenkt hat *(Genaueres aufzählen)*. Und wir bitten Gott um Verzeihung, wenn der Verstorbene hinter seinen Möglichkeiten geblieben ist. Deshalb haben wir uns hier versammelt, um fürbittend für ihn einzutreten.

Wir haben noch Zeit, bevor wir über die Brücke gehen dürfen, die Christus uns gelegt hat. Wir danken für diese Möglichkeit, die uns die Angst vor dem Tod nehmen kann.

Herr, hilf uns, unsere Zeit durch die Liebe in Ewigkeit zu verwandeln!

31. An Jesus orientiert, dem Leuchtturm Gottes

Symbol/Vorbereitung
Ein Leuchtturm.

Hinweis
Für alle, die gerne am Meer Urlaub verbrachten.

Lesungen
Eph 5,8–14: Steh auf von den Toten und Christus wird dein Licht sein.

    Der Apostel Paulus schreibt im Brief an die Gemeinde in Ephesus:
    Liebe Schwestern und Brüder!

Einst wart ihr Finsternis, jetzt aber seid ihr durch den Herrn Licht geworden. Lebt als Kinder des Lichts! Das Licht bringt lauter Güte, Gerechtigkeit und Wahrheit hervor. Prüft, was dem Herrn gefällt, und habt nichts gemein mit den Werken der Finsternis, die keine Frucht bringen, sondern deckt sie auf! Denn man muss sich schämen, von dem, was sie heimlich tun, auch nur zu reden. Alles, was aufgedeckt ist, wird vom Licht erleuchtet. Alles Erleuchtete aber ist Licht. Deshalb heißt es:
Wach auf, du Schläfer,
und steh auf von den Toten
und Christus wird dein Licht sein.

Joh 8,12: Ich bin das Licht.
Alternativ: Joh 14,1–6: Ich bin der Weg und die Wahrheit und das Leben.

Ansprache

Als ich zum ersten Mal einen Leuchtturm auf einer Todesanzeige erblickte, war ich so überrascht, dass ich sofort die Trauerfamilie angerufen habe, um den Grund zu erfahren: Die Tochter war jung gestorben. Aber die letzten Jahre hatte sie eine zunehmende Sehnsucht gespürt, an der See in der Nähe eines Leuchtturmes Urlaub zu machen.

Dieses Symbol gründet aber tiefer: So wie ein Leuchtturm trotz neuer technischer Errungenschaften wie Radar oder Echolot noch nicht ausgedient hat, in Nebel, Sturm und Dunkelheit den Schiffen den sicheren Weg zum Hafen zu weisen, so ist für uns Jesus zum Leuchtturm geworden, der mit seinem Licht unsere kleinen Lebensschiffe sicherer in den Hafen Gottes lotsen will. Wir kennen ja seine Worte, die Mut geben, die Fahrt über das Meer der Zeit zu wagen. Er signalisiert uns: »Ich bin der Weg, die Wahrheit und das Leben. Ich bin das Licht gegen alle Finsternis.«

So wurde auch N.N. in der Orientierung an Jesus Christus selbst zu einem kleinen Leuchtturm: Sie verschenkte ihr Licht in ihrer Güte und Tatkraft *(hier auf die guten Seiten der Verstorbenen eingehen)*. Auch in den Stürmen und Dunkelheiten des Lebens hat sie auf Gott vertraut und in Jesus Hilfe gefunden. Das wurde besonders deutlich, als sie ... *(Ereignis erzählen)*.

So hoffen und beten wir, dass der Leuchtturm Jesus ihrem Lebensschiff jetzt grünes Licht zeigt und sie sicher in den Hafen Gottes leitet.

32. Das Träumen vom guten Ende

Symbol/Vorbereitung
Ein Kaleidoskop.

Lesungen
Offb 21,2–5a.6b–7: Seht, ich mache alles neu.
  Siehe: Lektionar Bd. VI, 2: »Schriftlesungen für Verstorbene«.

Lk 12,36–37: Er wird alle an seinem Tisch Platz nehmen lassen.

Ansprache
Sie kennen solch ein Kaleidoskop, eine Schönbildschau. Mitten in der Trauer glauben wir plötzlich, den Verstorbenen zu hören, ja manchmal zu sehen – und das nicht nur im Traum. Ich habe dieses Symbol mitgebracht, um Ihnen zu sagen, dass diese Träume eine Berechtigung haben. Zunächst müssen wir uns einmal klarmachen, dass hier unten im Kaleidoskop nur Bruchstücke von bunten Kristallsteinen, kleinen Drahtresten und Glasstückchen liegen, die im Zusammenspiel und beim Drehen der Scherben und Bruchstücke durch Spiegelung dann Schönheit, Harmonie, ja Vollkommenheit ausstrahlen.

Auch das Leben des Verstorbenen lief nicht gradlinig, da gab es Bruchstücke und Scherben, die Gott sei Dank immer zu kitten waren *(Genaueres aufzählen)*. In den Stunden der Mühsal halfen dann auch die Hoffnung und auch die Träume, dass alles einmal wieder besser sein wird.

Dabei haben Sie auch schon erfahren: Wir glauben an einen Gott, der auf krummen Zeilen gerade schreiben kann. Manchmal haben wir nur bis vor unsere Füße geschaut, um an der nächsten Wegbiegung zu er-

kennen: Es nimmt doch noch ein gutes Ende. Ab und zu haben Sie dieses gute Ende erfahren. *(Genaueres!)*
In dieser Stunde dürfen wir auf Jesus schauen, der auf den ersten Blick am Kreuz scheiterte und dessen Leben und Wirken eigentlich nur in einem Scherbenhaufen endeten. Alle Hoffnungen der Jünger waren dahin.
Aber dann kam das Bruchstückhafte, das Unerwartete in der Auferstehung zu einem guten Ende: Die Tür zu einer anderen Welt wurde aufgestoßen. Es wurde offenbar, dass Gottes Wege anderen Gesetzen unterliegen. So hieß es in der Lesung, die wir eben hörten: Gott wird in der Mitte der Menschen wohnen, er wird alle Tränen von ihren Augen abwischen; Trauer und Klage haben ein Ende. Denn Er macht alles neu!
Jetzt verstehen Sie, warum wir im Angesicht des Todes in diesem Kaleidoskop die Herrlichkeit betrachten dürfen: Gott wird den Verstorbenen und uns alle am himmlischen Tisch Platz nehmen und am Hochzeitsmahl teilnehmen lassen.

33. Die Anker sind gelichtet

Symbol/Vorbereitung
Modell eines Segelschiffs.

Hinweis
Geeignet besonders für Wassersportler oder Seeleute.

Lesungen
Offb 21,2–5a.6b–7: Umsonst vom Wasser des Lebens trinken.

 Siehe: Lektionar Bd. VI, 2: »Schriftlesungen für Verstorbene«.

Mt 8,23–27: Jesus rettet aus dem Sturm.
Alternativ: Mt 14,22–33: Jesus bewahrt vor dem endgültigen Versinken.

Ansprache

Das Bild eines Segelschiffes als Symbol auf einer Todesanzeige ist gar nicht so selten. Auf einer solchen Todesanzeige hieß es:

> Denk dir das Bild: Weites Meer. Ein Segelschiff setzt seine Segel und gleitet hinaus in die offene See.
> Du siehst, wie es kleiner und kleiner wird.
> Wo Wasser und Himmel sich treffen, verschwindet es.
> Da sagt jemand: »Nun ist es gegangen.«
> Ein anderer sagt: »Es kommt.«
> Der Tod ist ein Horizont,
> und ein Horizont ist nichts anderes
> als die Grenze unseres Sehens.
> Wenn wir um einen geliebten Menschen trauern,
> freuen sich andere,
> ihn hinter der Grenze wiederzusehen.

Vielleicht erinnert ein Segelschiff auch an Gorch Fock, nach dem das bekannte Segelschulschiff benannt wurde. Er lobte einmal einen Matrosen, der seiner Mutter geschrieben hatte: »Und wenn du hören solltest, dass unser Kreuzer versunken ist und niemand gerettet sei, dann weine nicht! Das Meer, in das mein Leib sinkt, ist nur die hohle Hand meines Herrn und Heilands, aus der mich nichts reißen kann.« Was für eine Zeit, in der junge Leute mit diesem Blick über den Horizont unserer Welt hinaus in See stechen konnten!

Wir sind seit der Taufe an Deck des Schiffes »Kirche« gestiegen. Schon die Taufe hat etwas mit den Wassern zu tun, auf die wir uns im Leben einlassen. So heißt es ähnlich im Römerbrief: Wir wurden mit Jesus begraben in den Wassern der Taufe auf den Tod. Und wir sind in der Taufe aufgetaucht mit dem auferstandenen Christus zu neuem Leben. Sind wir nun mit Christus gestorben, so glauben wir, dass wir auch mit ihm leben werden (nach Röm 6,3–4.8). Im Tod löst Christus dieses Versprechen in seiner ganzen Fülle ein.

Auch der Verstorbene hat sich im Leben dem Kapitän dieses Schiffes, Jesus Christus, anvertraut. Hier setzte er die Segel in den Wind Gottes.

Wir danken ihm für all die Mühen, die er in diese Gemeinschaft auf Deck eingebracht hat *(hier aufzählen: wann das Ja-Wort zur Ehe gegeben wurde, wie viele Kinder/Enkel, wo er sich engagiert hat – auch in der Kirche)*. Wir bitten Gott auch um Verzeihung, wenn er einmal die Segel nicht in den Wind Gottes gestellt hat und die Fahrt nicht voranging.

Die Lesung aus der Offenbarung des Johannes, die wir gehört haben, deutete an, welches Fest uns alle an Deck des Schiffes im Hafen Gottes erwartet: Da werden alle Tränen aus unseren Augen gewischt, da sind keine Trauer, keine Klage, keine Mühsal mehr. Der Herr wird allen Durstigen nach dem Sinn des Lebens umsonst aus der Quelle zu trinken geben, aus der das Wasser des Lebens strömt. Hier werden wir uns auch alle wiedersehen. Trösten wir einander mit diesen Worten aus dem Glauben an den auferstandenen Christus. Die Anker zur Fahrt dorthin sind auch für uns schon alle gelichtet!

Ein Schiff, das am Horizont versinkt, ist nicht verschwunden; wir können es nur nicht mehr sehen.

34. Gott lässt uns nicht fallen

Symbol/Vorbereitung
Ein Sprungtuch der Feuerwehr vor dem Altar.

Hinweis
Gut geeignet bei einem Feuerwehrmann.

Lesungen
1 Joh 3,1a.2: Gott schenkt uns seine große Liebe.
   Siehe: Lektionar Bd VI, 2: »Schriftlesungen für Verstorbene«.

Lk 15,11–32: Am Ende umarmt der Vater den Verlorenen.

Ansprache

Wer sich nicht ganz von den Medien und unserer Spaßgesellschaft zuschütten lässt, wird besonders bei einer Beerdigung mit der Urangst des Menschen konfrontiert: »Was kommt nach dem Tod? Nichts? Fegfeuer, Hölle oder Himmel?«

Da darf ich Ihnen im Angesichte des Todes von N.N. eine gute Nachricht zurufen: Gott steht mit ausgebreiteten Armen da, um uns wie in einem Sprungtuch aufzufangen. Darum sehen Sie vor dem Altar ein Sprungtuch, wie es die Feuerwehr unter uns ausbreitet, wenn nur noch ein Sprung uns vor den Flammen retten kann.

An dieser Stelle dürfen wir zunächst N.N. danken für alle seine Einsätze bei der Feuerwehr, wo er – Gott zur Ehr' und dem Nächsten zur Wehr – konkrete Nächstenliebe bewiesen hat (*Genaueres!*).

Wir wissen nicht genau, was im Tod kommt. Aber es ist wie in der Geschichte vom brennenden Haus, wo der Fünfjährige oben am Fenster steht und um Hilfe schreit, weil das Feuer immer näher kommt. Sein Vater sieht es und schreit: »Spring!« Doch das Kind schreit in Rauch und Flammen zurück: »Ich sehe dich nicht!« Der Vater ruft: »Aber *ich* sehe dich! Das genügt! Spring!« Und das Kind wagt alles und – wird von den Armen des Vaters aufgefangen.

Wie im Gleichnis vom barmherzigen Vater, das wir eben gehört haben: in dem der Sohn umarmt wird, noch bevor er sein Sündenbekenntnis gestammelt hat. »So ist mein Vater!«, würde Jesus sagen. »So denke ich auch!«, würde er fortfahren. Deshalb hängt ja fast in jeder Kirche der Sohn Gottes am Kreuz, der sich auf diese Haltung des Vaters hat festnageln lassen.

Wir haben natürlich unsere Zweifel an diesen Worten. Wir kennen auch die Umfragen in Deutschland: 40 Prozent halten die Auferstehung von den Toten für reines Wunschdenken, 40 Prozent sind vollkommen davon überzeugt. Aber wer kann an dieser Stelle etwas beweisen? Darum hilft nur das Vertrauen auf *den* weiter, der im Längsbalken des Kreuzes die Erde mit dem Himmel verbindet und der dem Verstorbenen und uns zuruft: »Spring in Seine Arme! Hab nur den Mut dazu. Gott lässt dich nicht fallen!«

35. Wie Sterne am Himmel

Symbol/Vorbereitung
Ein Stern.

Hinweis
Gut einsetzbar auch beim Tod eines Kindes.

Lesungen
Offb 1,14–18: Der Apostel Johannes sieht in einer Vision den, der die Schlüssel zum Tod und zur Unterwelt hat.
Johannes schreibt:
Sein Haupt und seine Haare waren weiß wie weiße Wolle, leuchtend weiß wie Schnee, und seine Augen wie Feuerflammen; seine Beine glänzten wie Golderz, das im Schmelzofen glüht, und seine Stimme war wie das Rauschen von Wassermassen.
In seiner Rechten hielt er sieben Sterne, und aus seinem Mund kam ein scharfes, zweischneidiges Schwert, und sein Gesicht leuchtete wie die machtvoll strahlende Sonne.
Als ich ihn sah, fiel ich wie tot vor seinen Füßen nieder. Er aber legte seine rechte Hand auf mich und sagte: Fürchte dich nicht! Ich bin der Erste und der Letzte und der Lebendige. Ich war tot, doch nun lebe ich in alle Ewigkeit, und ich habe die Schlüssel zum Tod und zur Unterwelt.

Joh 8,12: Ich bin das Licht der Welt.

Ansprache
Sie haben auf Ihrer Anzeige Sterne als Symbol hinzugefügt: Der Stern steht in vielen Kulturen für den in den Himmel aufgenommenen Verstorbenen.
In zahlreichen Todesanzeigen tauchen Sterne in der Symbolsprache auf. Hier eine Auswahl *(nur zwei bis drei zitieren)*:

Menschen, die man liebt, sind wie Sterne:
Sie können funkeln und leuchten noch lange nach ihrem Erlöschen.

In der Dunkelheit der Trauer leuchten die Sterne der Erinnerung.
MICHAEL PLENER

Wenn ein Stern erlischt, leuchtet sein Licht noch Millionen von Jahren.

Geliebte, wenn mein Geist geschieden,
so weint mir keine Träne nach;
denn, wo ich weile, dort ist Frieden,
dort leuchtet mir ein ew'ger Tag!
Wo aller Erdengram verschwunden,
soll euer Bild mir nicht vergehn,
und Linderung für eure Wunden,
für euern Schmerz, will ich erflehn.
Weht nächtlich seine Seraphsflügel
der Friede übers Weltenreich,
so denkt nicht mehr an meinen Hügel,
denn von den Sternen grüß' ich euch!
ANNETTE VON DROSTE-HÜLSHOFF

Wenn du bei Nacht den Himmel anschaust, wird es dir sein, als lachten alle Sterne,
weil ich auf einem von ihnen wohne, weil ich auf einem von ihnen lache ...
Und wenn du dich getröstet hast, wirst du froh sein, mich gekannt zu haben. Du wirst Lust haben, mit mir zu lachen ...
ANTOINE DE SAINT-EXUPÉRY, DER KLEINE PRINZ

Du weißt, dass über den Wolken schwer
die schönsten Sterne stehn,
und heute nur ist aus dem goldenen Heer
kein einziger zu sehn.

Und warum glaubst du dann nicht auch,
dass uns die Wolke Welt
nur heute als ein flüchtiger Hauch
die Ewigkeit verstellt?

EUGEN ROTH

Ein neuer Stern am Himmel ...
Du leuchtest weiter in unseren Herzen.

Ich darf versuchen, die Sterne der Erinnerung bis zu dem großen Stern zu führen, der unser aller Leben erleuchten will.
Da möchte ich zunächst einen kleinen siebenjährigen Jungen zitieren, der sich auch in die Kondolenzliste für den plötzlich verstorbenen Oberbürgermeister der Stadt Köln, Harry Blum (er war im Jahre 2000 nach nur 169 Tagen im Amt an einer schweren Herzkrankheit gestorben), eingetragen hatte. Der Junge hatte geschrieben: »Ich war mit meinem Fahrrad und du warst mit deinem Fahrrad. Wir hatten fast einen Zusammenstoß. Du sagtest, beinahe hätten wir beide Sternchen gesehen, und hast gelacht. Meine Mama erzählt nur, du bist der Oberbürgermeister von Köln. Ich hoffe, du kannst jetzt die ganz großen Sterne sehen. Ich werde für dich beten.«
»Ich hoffe, du kannst jetzt die ganz großen Sterne sehen«, schrieb der Junge. Darum ein Blick in die Bibel, um den ganz großen Stern ins Auge zu fassen:
Da steht schon im Alten Testament: »Ein Stern geht über Jakob auf« (Num 24,17), nach dem auch die Weisen aus dem Morgenland suchten. Und bei Matthäus (2,2) heißt es: »Wir haben seinen Stern aufgehen sehen und sind gekommen, um ihm zu huldigen.« Und wenig später: »Da fielen sie nieder und huldigten ihm« (Mt 2,11). In der Lesung haben wir eben Genaueres über diesen Stern erfahren: »Seine Stimme war wie das Rauschen von Wassermassen, und in seiner Rechten hielt er sieben Sterne, aus seinem Mund kam ein scharfes, zweischneidiges Schwert und sein Gesicht leuchtete wie die machtvoll strahlende Sonne« (Offb 1,15b.16). Diese Sonne ist gemeint, von der es bei Johannes heißt: »Ich

bin das Licht der Welt. Wer mir nachfolgt, wird nicht in der Finsternis umhergehen, sondern wird das Licht des Lebens haben« (Joh 8,12).

Wir wissen heute, dass alle Sterne selbst Sonnen sind. Wir wollen nun danken für alle Leuchtkraft des Verstorbenen, die er in unsere Welt gebracht hat *(hier auf die Verdienste des Verstorbenen eingehen)*. Aber auch er – wie wir – brauchen die Leuchtkraft *der* Sonne, die wir in Jesus Christus suchen und finden können. Seine Auferstehungssonne leuchtet gegen alle Finsternis dieser Welt. So wollen wir beten, dass Jesus den Mantel seiner Barmherzigkeit über all das legen möge, was der Verstorbene in seinem Leben falsch gemacht hat.

»Ich werde für dich beten!«, schrieb der Junge ins Kondolenzbuch. So wie wir für den Verstorbenen jetzt beten. Wir haben »drüben« einen neuen Freund, der für uns bei der ewigen Sonne bittet.

36. Da habe ich dich getragen

Symbol/Vorbereitung
Bild einer Fußspur.

Lesungen
Röm 8,14–18: Wir sind Miterben Christi.
Siehe: Lektionar Bd. VI,2: »Schriftlesungen für Verstorbene«.

Alternativ: Ps 23: Sein Stock und sein Stab geben mir Zuversicht.
Joh 15,9–12: Bleibt in meiner Liebe.

Ansprache
Mit diesem Bild einer Fußspur möchte ich an eine Geschichte erinnern, die schon vielen Menschen Kraft und Trost geschenkt hat. Diese Geschichte von Margret Fishback Powers wünschen sich manche Brautleute, ich habe sie auch schon bei einer Erstkommunion als zentrale

Geschichte gehört; sie hält also offenbar alle Stationen unseres Lebens aus:

Ein Mann hatte einen Traum. Er träumte, er würde mit Jesus am Strand entlang spazieren. Am Himmel erschienen Szenen aus seinem Leben, und für jede Szene waren Spuren im Sand zu sehen: eine gehörte ihm, die andere dem Herrn. Als er auf die Fußspuren im Sand zurückblickte, bemerkte er, dass manchmal nur *eine* da war, und zwar gerade während der Zeiten, in denen es ihm am schlechtesten ging. Dies wunderte ihn sehr, und er fragte Jesus, warum er ihn in Notzeiten allein gelassen habe.

Der Herr antwortete: Mein lieber, teurer Freund. Ich liebe dich und würde dich niemals verlassen. Während der Zeiten, wo es dir am schlechtesten ging und du gelitten hast – da, wo du nur *eine* Fußspur siehst: In jener Zeit habe ich dich getragen.

Vielleicht sehen Sie, Frau N.N., jetzt auch traurig oder vielleicht sogar verbittert auf und denken: Warum? Und wo ist jetzt der helfende Gott? Lässt er mich nicht allein? Glauben wir nicht alle, er habe uns schon allein gelassen an vielen Grenzwegen in unserem Leben?

Die Trauer, die sein darf, engt unseren Blick ein. Die gehörte Geschichte setzt einen ungeheuren Glauben voraus: Da geht einer mit! Aber haben Sie das nicht auch schon in der Ehe erfahren? Als Ihnen vor ... Jahren die Stola um die Hände gelegt wurde, da versprach Gott in Jesus ja auch: Ich gehe mit euch in guten und bösen Tagen – wenn ihr es zulasst.

Wie viele haben das schon erfahren und sagen: Ohne die Hilfe Gottes wäre ich da nicht durchgekommen!

Unser Glaube kann Berge versetzen; unser Gebet kann Welten überbrücken; unser Gottesdienst hier das Erbarmen auf den Verstorbenen und auf uns herabrufen.

> Wir wollen nicht hoffnungslos trauern darüber,
> dass wir ihn verloren haben,
> sondern dankbar dafür sein, dass wir ihn gehabt haben.
>
> HIERONYMUS

Und wir dürfen glauben, dass Jesus ihn jetzt in seine Herrlichkeit trägt.

37. Von Gott getragen

Symbol/Vorbereitung
Zwei Fußabdrücke. Eventuell ein Paar Schuhe des verstorbenen Kindes.

Hinweise
– Ein Kind wird beerdigt.
– Vgl. auch Ansprache Nr. 36 »Da habe ich dich getragen«.

Lesungen
Jes 66,10–14: Wie eine Mutter ihren Sohn tröstet, so tröste ich euch;
Mk 10,13–16: Er nahm die Kinder in seine Arme.

Ansprache
(P. zeigt die Fußabdrücke:) Diese beiden Fußabdrücke mögen uns an die Füße von N.N. erinnern und all die Wege, die es in seinem kurzen Leben gegangen oder gelaufen ist. Wie viele Schritte haben wir mit Wohlgefallen betrachtet *(jetzt aufzählen, was an Schönem zu beobachten war)*. Manche Schritte haben uns Sorgen bereitet *(jetzt kurz erwähnen, was manchmal mühsam oder bedenklich war)*. Sonne schien auf seinen Weg *(positive Ereignisse nennen)*, aber auch Regen verschonte das Kind nicht *(Negatives andeuten)*.

Es gibt eine Geschichte von Margret Fishback Powers, die gerne bei Taufen und auch bei Trauungen vorgelesen wird – ja und jetzt kommt sie bei einer Beerdigung zu Gehör. In der Geschichte spielen *(P. zeigt wieder die Fußabdrücke)* Fußabdrücke eine Rolle. Sie erzählt von einem Traum, in dem ein Mensch mit Jesus an der Seite an einem Strand entlang spaziert. Bei allem, woran er sich aus seinem Leben entsinnt, bemerkt er immer zwei Paar Fußabdrücke im Sand, seine und die von Jesus. Aber dann erinnert er sich an Momente, die schlimm waren, wo er Tränen in den Augen hatte und er nicht weiterwusste. Und als er sich umschaut, da sieht er nur *ein* Paar Fußabdrücke im Sand. Er wundert sich und er fragt Jesus vorwurfsvoll: Du hast mir versprochen, immer mit mir zu gehen. Doch als es bei mir ganz schwierig wurde, hast du mich allein gelassen. Darauf antwortet Jesus: Mein lieber Freund. Was ich verspreche, halte ich auch. Da, wo es dir ganz dreckig ging, wo es so eng wurde, wo dir angst und bange war, da, wo du nur das *eine* Paar Fußabdrücke gesehen hast, das waren die Zeiten, in denen ich dich getragen habe!

Jetzt können Sie, liebe Eltern, den Kopf schütteln und sagen, das hat sich einer nur schön ausgedacht. Es gehört – zugegeben – ganz viel Glauben und Vertrauen dazu, diese Geschichte so zu sehen, wie sie gemeint ist. Aber unser Glaube gibt das her: Weil Gott im brennenden Dornbusch seinen Namen verrät: »Ich bin der, der für euch da ist!«, oder Jesus beim Abschied seinen Jüngern sagt: »Denkt daran, ich bin bei euch alle Tage – bis ans Ende der Welt!«

Darum kann das bei all unseren verzweifelten Fragen wirklich Trost sein, was wir schon im Evangelium gehört haben: Jesus nahm die Kinder in seine Arme! – So vertrauen wir darauf, dass Jesus Ihr Kind jetzt ins eigentliche Leben trägt.

38. Auf ewig verbunden

Symbol/Vorbereitung
Zwei Herzen ineinander, evtl. eine Herz-Jesu-Darstellung.

Lesungen
1 Joh 3,1a.2: Gott hat uns so große Liebe geschenkt.
  Siehe: Lektionar Bd. VI,2: »Schriftlesungen für Verstorbene«.

Joh 11,32–38.40: Da weinte Jesus.

Ansprache
Sie haben, liebe Trauernde, auf der Todesanzeige als Symbol zwei Herzen abgebildet, die sich ineinanderfügen: auf ewig miteinander verbunden. Selbst der Tod kann wirkliche Liebe nicht trennen.

Die Liebe verbindet zwei Herzen, Ihre Herzen. Das lässt mich an die aufgemalten Herzen auf den Schulhöfen denken. So fing es vielleicht auch bei Ihnen an. Darunter gibt es auch die Darstellung, dass ein Herz von einem Pfeil durchbohrt wird. Das meint zunächst: Der Liebesgott Amor hat seinen Pfeil abgeschossen und die Liebe hatte Sie beide getroffen. Ihre Liebesgeschichte ging jetzt schon über ... Jahre. *(Hier nicht nur die Anzahl der Kinder und Enkel erwähnen.)* Nun der furchtbare Kummer: Er/Sie ist nicht mehr da.

Jetzt verstehen Sie auch den Pfeil richtig: So ein Leid kann uns bis ins Innerste treffen. Auch den anderen leiden zu sehen, war wie ein Pfeil ins eigene Herz.

Aber ich denke noch an eine dritte Darstellung des Herzens. Es ist durchbohrt und deshalb offen. Es bleibt geöffnet. Ich denke an das Herz Jesu. Die Lesungen verrieten uns einiges über ihn: In Ihm hat uns Gott das Liebste geschenkt. Und dieser Jesus weinte, als er am Grab des Lazarus stand. Sollte er jetzt nicht mit uns Mitleid haben? Sein stets geöffnetes Herz ist doch ein gewaltiges Zeichen! Und im Gleichnis vom barmherzigen Vater hat er uns gewissermaßen den schönsten Liebesbrief hinterlassen. In ihm wird erzählt, dass die Sünder, ja alle verlorenen Töchter und Söhne, wenn sie sich nur aufmachen, mit einer herzlichen Umarmung empfangen werden.

An allem dürfen wir zweifeln: an den Politikern und Kirchenvertretern, an Freunden und Eltern, aber nie an dieser Barmherzigkeit Gottes. Ihr empfehlen wir jetzt unseren Verstorbenen.

Das Herz des Menschen ruht normalerweise in einem Winkel von 23⅓ Grad in der Brust. Und jetzt zum Staunen: Das ist genau der Winkel, den die Erdachse einnimmt. Für mich ist das kein Zufall. Wenn sich alles aus dem Urgrund und der Schöpferkraft Gottes entwickelt hat, dann zeigt das, wie eng verwoben die Geheimnisse dieser Welt sind. Wie auch die Liebe ewig sein kann, Raum und Zeit überwindet. Bis wir uns einmal wiedersehen, um das himmlische Hochzeitsmahl zu feiern, überwindet die Liebe Raum und Zeit. Trösten wir einander mit dieser Gewissheit aus dem Glauben an den Auferstandenen.

»Unruhig ist unser Herz, bis es ruht in dir.« (Augustinus)

39. Von der Treue und der Rettung

Symbol/Vorbereitung
Zwei Ringe ineinander.

Lesungen
Hld 8,6–7: Stark wie der Tod ist die Liebe.
Im Hohen Lied der Liebe stehen Sätze, die etwas von der Größe der Liebe andeuten:
Leg mich wie ein Siegel auf dein Herz, wie ein Siegel an deinen Arm! Stark wie der Tod ist die Liebe, die Leidenschaft ist hart wie die Unterwelt. Ihre Gluten sind Feuergluten, gewaltige Flammen. Auch mächtige Wasser können die Liebe nicht löschen; auch Ströme schwemmen sie nicht weg. Böte einer für die Liebe den ganzen Reichtum seines Hauses, nur verachten würde man ihn.

Joh 15,9–12: Bleibt in meiner Liebe.

Ansprache
Sie haben, liebe N.N., auf die Traueranzeige das Symbol zweier Ringe gesetzt, die ineinander verschränkt und so untrennbar verbunden sind. Das ist ein seltenes Symbol beim Tod eines Menschen, es begegnet uns eher bei einer Hochzeit. Sie wollten damit sagen: Unsere Liebe bleibt ewig. Wir sind auch über den Tod hinaus miteinander verbunden. Wie es die Lesung eben sagte: »Stark wie der Tod ist die Liebe.« Einige Stationen dieser Liebe möchte ich jetzt aufzeigen ... *(Genaueres)*. Dieses Symbol des Ringes darf ich aufgreifen und weiterführen: Der Ring als Abbild eines Kreises steht auch für den ewigen Gott. Er, der schon der Dritte in Ihrem Ehebund sein wollte, ist auch der Garant für Ihren Wunsch, ewig miteinander verbunden zu bleiben.
Auch ein Rettungsring hat die Form eines Ringes. Wenn wir im Tod mit den »mächtigen Wassern« (Hld 8,7) zu kämpfen haben, wirft uns der Sieger über den Tod seinen Rettungsring zu; denn er möchte, dass keiner verloren geht. »Bleibt in meiner Liebe!«, hieß es eben. Was für die Hoch-

zeit ein schöner Text ist, das wird für die Hoch-Zeit nach dem Tod genauso gelten. Wir danken Gott für seine Rettungsringe im Leben wie im Tod. Wir danken auch Ihnen, N.N., dass Sie in den letzten Monaten zum Rettungsring für Ihren Partner wurden *(Genaueres!)*.
Es gibt noch einen Ring, der zu allen Zeiten ungeheuer wichtig ist: Der Ring der Vergebung. Sie wissen: Das Wort »Verzeihung« ist die beste Münze im Haus – wie ein chinesisches Sprichwort sagt. Die tägliche Vergebung schmiedet immer mehr zusammen. Wir haben aber noch eine Vergebung nötig, die kein Partner aussprechen kann, weil wir auch über die Familien hinaus hinter unseren Möglichkeiten bleiben können. Da gibt es eine Erzählung im Buch der Bücher, die eine befreiende Botschaft verkündet: Der barmherzige Vater streift dem Sohn, der in die Irre gegangen und zurückgekehrt ist, einen Ring der Vergebung über den Finger. Dieser Ring bedeutet: Du bist wieder als Sohn bzw. Tochter angenommen. Komm, wir feiern ein großes Fest miteinander.
Diese Barmherzigkeit Gottes ist unbegreiflich. Aber mitten in unserer Trauer dürfen wir dem Verstorbenen das wünschen: Jetzt in der Herrlichkeit des »siebten Himmels« das ewige Fest zu feiern – bis wir einmal nachkommen.

40. Ein Edelstein mehr im himmlischen Jerusalem

Symbol/Vorbereitung
Ein Halbedelstein (eventuell für jeden).

Hinweis
Geeignet bei einer sehr geschätzten, engagierten Persönlichkeit, um die viele trauern.

Lesungen
Offb 21,18–27: Wir hören von einer Stadt mit edlen Steinen:
  Der Autor des letzten Buches der Bibel schildert seine Visionen von dem, was kommt. So schreibt er vom himmlischen Jerusalem:

Ihre Mauer ist aus Jaspis gebaut, und die Stadt ist aus reinem Gold, wie aus reinem Glas. Die Grundsteine der Stadtmauer sind mit edlen Steinen aller Art geschmückt; der erste Grundstein ist ein Jaspis, der zweite ein Saphir, der dritte ein Chalzedón, der vierte ein Smaragd, der fünfte ein Sardónyx, der sechste ein Sardion, der siebte ein Chrysolith, der achte ein Beryll, der neunte ein Topás, der zehnte ein Chrysoprás, der elfte ein Hyazinth, der zwölfte ein Amethyst. Die zwölf Tore sind zwölf Perlen, jedes der Tore besteht aus einer einzigen Perle. Die Straße der Stadt ist aus reinem Gold, wie aus klarem Glas.

Einen Tempel sah ich nicht in der Stadt. Denn der Herr, ihr Gott, der Herrscher über die ganze Schöpfung, ist ihr Tempel; er und das Lamm. Die Stadt braucht weder Sonne noch Mond, die ihr leuchten. Denn die Herrlichkeit Gottes erleuchtet sie, und ihre Leuchte ist das Lamm. Die Völker werden in diesem Licht einhergehen, und die Könige der Erde werden ihre Pracht in die Stadt bringen. Ihre Tore werden den ganzen Tag nicht geschlossen – Nacht wird es dort nicht mehr geben. Und man wird die Pracht und die Kostbarkeiten der Völker in die Stadt bringen. Aber nichts Unreines wird hineinkommen, keiner, der Gräuel verübt und lügt. Nur die, die im Lebensbuch des Lammes eingetragen sind, werden eingelassen.

Joh 14,1–6: Im Haus meines Vaters gibt es viele Wohnungen.

Ansprache

Die Verstorbene war ein Schatz. Darum habe ich hier diesen Edelstein in den Händen. Eigentlich sind wir alle in den Augen Gottes wie kostbare Edelsteine, gebrochen aus seiner Schönheit – Ebenbilder Gottes! Weil Gott uns liebt und uns in seine Hand geschrieben hat, geht von jedem von uns ein Glanz aus, den wir nicht verlieren dürfen. Aber wir wissen ja, wie schnell ein Stein in den Schmutz fallen kann und seine Leucht-, ja sogar seine Heilkraft verliert.

Sie war ein Schatz. Was haben wir an ihr geliebt? Welche Leuchtkraft traf uns, wenn wir ihr begegneten? An welcher Stelle fühlten wir uns

geheilt, wenn wir fortgingen? Sie würde nicht wollen, dass ich das jetzt genauer benenne *(Oder? Ob jetzt Genaueres gesagt wird, kann nur der entscheiden, der die Verstorbene sehr gut kannte).*
Aber sie war auch nur ein Mensch; wenn auch ein besonderer. Wo hat sie ihre Energie immer wieder aufgeladen? Sie hat sich, den kostbaren Stein, oft in die Sonne Gottes gehalten und in die Geschenke des Himmels, die Jesus uns in seinen Sakramenten anbietet. Ja, sie hat sich besonders schleifen lassen, um die Oberfläche für das Licht Gottes zu erweitern und noch mehr Licht zurückstrahlen zu können. Das machte sie zum Juwel in unseren Augen *(jetzt aufzählen, was sie an Krankheit oder »Schliff« ertragen musste).*
Solche Edelsteine hat der Verfasser des Johannesevangeliums in seiner Vision in der himmlischen Stadt Jerusalem gesehen. Gemeint sind zunächst alle, die etwas von Gott wunderbar aufleuchten ließen; vor allem die Heiligen. Aber solche Edelsteine, so hoffen wir, sind auch viele Verstorbene, die unsere Kirche nicht zu offiziellen »Heiligen« erklärt, die aber Gott doch in seine himmlische Stadt eingefügt hat, damit sie noch prächtiger wird.
(Und wissen wir, warum wir die Halbedelsteine in unseren Händen halten? Damit Gott auch uns als Schmuckstücke für seine Stadt gebrauchen kann, in die nichts Unreines hineindarf, wie wir gehört haben. Es kommt auf die Liebe an und auf die Bereitschaft, uns von Gott formen zu lassen.)
So geben wir den »Schatz«, den Gott uns in N.N. geschenkt hat, wieder in seine Hände zurück. Wir geben ihn voller Dankbarkeit zurück, aber unser Herz ist voll Wehmut. Uns tröstet, dass Jesus Christus der Verstorbenen nun eine Wohnung in dieser himmlischen Stadt anbietet. Dort haben wir jetzt eine Freundin mehr, die für uns bittet.

NACH EINER IDEE VON SR. URSULA DIRMEIER

41. Die Mitte finden!

Symbol/Vorbereitung
Ein Labyrinth.

Lesungen
Kol 3,1–4: Sucht im Labyrinth eures Lebens die Mitte.
Der Apostel Paulus schreibt in seinem Brief an die Kolosser:
Liebe Schwestern und Brüder!
Ihr seid mit Christus auferweckt, darum strebt nach dem, was im Himmel ist, wo Christus zur Rechten Gottes sitzt. Richtet euren Sinn auf das Himmlische und nicht auf das Irdische. Denn ihr seid gestorben und euer Leben ist mit Christus verborgen in Gott. Wenn Christus, unser Leben, offenbar wird, dann werdet auch ihr mit ihm offenbar werden in Herrlichkeit.

Lk 24,13–35: Zwei Jünger finden im Labyrinth des Todes im Auferstandenen die Mitte.

Ansprache
Das Leben ist wie ein Labyrinth. Wir sind ein Leben lang unterwegs, um die Mitte zu finden. Wir hoffen, dass die Verstorbene jetzt in diese Mitte befreit eintauchen darf.
So ähnlich werden Sie, liebe Trauernde, gedacht haben, als Sie auf die Idee kamen, zur Todesanzeige ein Labyrinth als Blickfang zu setzen.
Wir sind wirklich ein Leben lang darin unterwegs. Wir wünschen uns, es ginge immer schön geradeaus, aber oft ist der Weg verschlungen und mühselig, manchmal hilft nur eine Kehrtwendung. Manchmal glauben wir, schon fast am Ziel zu sein, da führt der Weg außen herum oder genau entgegengesetzt weiter.
Mit einem guten Freund an der Seite ist kein Weg zu weit.
So fand die Verstorbene in Ihnen, Herr N.N., einen guten Weggefährten *(hier Genaueres einbringen)*. Verbunden mit dem roten Faden der Liebe ging es auch vorwärts an unübersichtlichen Stellen, in Dunkel und Ne-

bel *(hier einige Beispiele)*. Aber ich denke auch noch an den anderen Weggefährten, an Jesus Christus, der unsichtbar schon seit der Taufe mitgeht und der in Ihrem Lebensbund der Dritte war: Er versprach, in guten und bösen Tagen in der Nähe zu sein und Ihre Hände zu halten. Gerade in den letzten Monaten der Krankheit war er vonnöten …

Auch die Emmausjünger waren geknickt und erfuhren im Weggefährten Jesus den, der ihre Herzen wiederum zum Brennen brachte. Es gibt in der Kathedrale von Chartres ein Labyrinth, das 12 Meter im Durchmesser misst. Wer es durchschreiten will – im Mittelalter wurde es von den Gläubigen auf den Knien »abgebetet« –, muss bis zur Mitte eine Strecke von 200 Metern zurücklegen.

Direkt dahinter gibt es in der Westwand dieser Kathedrale ein Rosettenfenster, das ebenfalls im Durchmesser 12 Meter misst. Die Mitte dieses Fensters zeigt den wiederkommenden, richtenden Christus. Dieses Bild, um 90 Grad gesenkt, deckt also genau das Labyrinth ab. Damit wollte der Architekt sagen: Egal, wie weit wir auf unserem Weg zur Mitte des Labyrinths gekommen sind, die Barmherzigkeit Gottes wird alles abdecken – auch unsere Mutlosigkeit, nicht weiterzukönnen, oder unser Versagen in den Begegnungen mit anderen.

Wenn abends die Sonne im Westen untergeht und auf dieses Rosettenfenster scheint, fällt ein wunderbares überirdisches Licht auf das Labyrinth.

Dieses barmherzige Licht Gottes wünschen wir uns jetzt auch für das Labyrinth von N.N., damit sie in der Mitte jetzt schon am Fest der Feste teilnehmen kann – bis wir ihr folgen.

42. Die Harmonie auf der schönen Teppichseite

Symbol/Vorbereitung
Ein »handgeknüpfter« Teppich hängt über dem Ambo.

Hinweis

Heutzutage sind bei Teppichen kaum noch Unterschiede zwischen der Ober- und Unterseite zu erkennen. Dieses Symbol ist also nicht sehr eindrucksvoll, wenn Sie nicht einen alten, handgeknüpften Teppich haben.

Lesungen

Weish 3,1–2.3b.4b–9a: Gott hat sie geprüft und fand sie seiner würdig. Siehe: Lektionar Bd. VI,2: »Schriftlesungen für Verstorbene«.

Joh 15,9–17: Bleibt in meiner Liebe.

Ansprache

Den »handgeknüpften« Teppich habe ich mit seiner schönen Seite nach oben auf den Ambo gelegt: Dort sehen Sie ein herrliches Muster in leuchtenden Farben, eine echte Kostbarkeit.

Auf der Unterseite würden wir Fäden und Knoten sehen, abgeschnittenes Garn und ein manchmal durcheinandergebrachtes Farbenfeld. Wer dort in die Verwirrnis schaut, glaubt nicht an die schöne Oberseite. Ist dieser Teppich nicht ein Gleichnis für unser Leben? Auch wir erleben wie der Verstorbene schwere Zeiten *(jetzt auf Krankheit, Unfall, Arbeitslosigkeit, Depression ... eingehen)*, da schaut man nur mit Frust und Enttäuschung auf das, was zuwege kam. Aber wir danken dem Verstorbenen für diese Mühe beim Weben und dass er nicht aufgegeben hat.

Das »Muster« und die »Wolle« im Leben sind oft vorgegeben. Darum wollen wir bei unserem »Danke« all die nicht vergessen, die mitgeknüpft haben. *(Da muss ich Sie, N.N., zuerst nennen, aber auch ...)* Nicht zuletzt gilt unser Dank Gott, der manchmal die Fäden verlängerte oder manche »Laufmasche« verhinderte.

In dieser Stunde müssen wir den Lebensteppich des Verstorbenen abgeben. Sein Muster lebt weiter. Was aber entscheidend ist: Jetzt sieht er die schönere Seite seines Lebensteppichs: Gerade da, wo er einmal nur nichtssagende Fäden und verwirrende Knoten sah, darf er jetzt die größte Harmonie im Muster erkennen: Wir glauben an einen Gott, der auf krummen Zeilen gerade schreiben kann! Das hat er in seinem Sohn bewiesen.

Wer in der Liebe Gottes bleibt, so hörten wir eben im Evangelium, der darf jetzt auf das Erbarmen Gottes hoffen, der den einen oder anderen Knoten im Teppich verzeiht. Und der dann einlädt an die Tafel des ewigen Festes. Solange wir noch nicht dazu eingeladen sind, trösten wir uns mit dem Anblick der schönen Seite dieses Teppichs, die verrät, wie es sein wird – trotz unserer Knoten und wirren Fäden.

43. Die rettende Tür

Symbol/Vorbreitung
Eine geöffnete Tür.

Lesungen
Offb 21,21.25.27: Die Tore des himmlischen Jerusalems lassen nichts Unreines eintreten.

Der Autor des letzten Buches der Bibel schildert seine Visionen von dem, was kommt. Unsere Heimat, das himmlische Jerusalem, beschreibt er so:

Die zwölf Tore sind zwölf Perlen; jedes der Tore besteht aus einer einzigen Perle. Die Straße der Stadt ist aus reinem Gold, wie aus klarem Glas. Ihre Tore werden den ganzen Tag nicht geschlossen – Nacht wird es dort nicht mehr geben.

Aber nichts Unreines wird hineinkommen; keiner, der Gräuel verübt und lügt. Nur die, die im Lebensbuch des Lammes eingetragen sind, werden eingelassen.

Joh 10,9: Ich bin die Tür.

Ansprache
Auf Todesanzeigen findet sich relativ oft ein geöffnetes schmiedeeisernes Tor. Dann heißt es dort: »Du wolltest gerne noch ein Stück mit uns

gehen, aber plötzlich war dein Weg zu Ende. Wir konnten dich nur zum Tor begleiten.« Oder: »Nach Durchschreiten des wesentlichsten Tores mögest du jetzt in der Ewigkeit Frieden finden.« Ein Schmied, der seinen letzten Hammerschlag getan hat, wünschte sich: »Lass mich im Himmel auch ein Schmiedemeister sein.«

Dieses Symbol der offenen Tür hat uns schon im Leben gutgetan. Es tut weh, wenn eine Tür verschlossen ist oder einem zugeschlagen wird. Der Verstorbene fand eine offene Tür bei N.N. *(jetzt Genaueres)*. Und auch die Kinder durften erfahren, dass die Tür des Elternhauses immer offen blieb, auch wenn es einmal Meinungsverschiedenheiten gab. Auch unsere Gemeinschaft durfte die offene Tür erfahren *(aufzählen)*. Dafür sagen wir jetzt herzlichen Dank!

Wir hörten im Evangelium von Jesus, der uns in Leid und Tod die letzte Tür geöffnet hat. Das ist unser Glaube und unsere große Hoffnung. Erlauben Sie mir einen Seitenblick in das wunderbare Buch von Michael Ende: Die unendliche Geschichte. Darin ist die Rede von drei magischen Toren: Durch das »Große Rätsel-Tor« kann nur der, der die Furcht vor dem Übermächtigen demutsvoll aushält. Das »Zauber-Spiegel-Tor« lässt nur den durch, der alle seine Ziele und Absichten hinter sich lässt und dann heiter wie ein neugeborenes Kind weitergehen kann. Und das dritte Tor, das »Ohne-Schlüssel-Tor«, öffnet sich nur dem, der ohne Wünsche eintreten will.

Vieles davon zeigt auch die Bibel auf: Das letzte Tor ist eng, der Reiche kommt nur ohne Gepäck durch (Lk 13,23f). Die Tore des himmlischen Jerusalems, so haben wir gehört, lassen nichts Unreines durch. Und den törichten jungen Frauen, die das Öl der Liebe für ihre Lampen vergessen haben, wird der Eintritt zum Hochzeitsmahl verwehrt (Mt 25,1–12).

So bleibt uns nur die rettende Tür Jesu Christi. Denn er hat gesagt: »Wer durch mich eintritt, wird gerettet werden« (Joh 10,9).

Der Tod ist das Tor zum eigentlichen Leben mit Gott. Wir danken Jesus Christus, dass er es durch sein Leiden und seine Auferstehung geöffnet hat. Der Verstorbene darf zum himmlischen Hochzeitsmahl eintreten. Wir vertrauen darauf, dass wir ihm einmal folgen dürfen.

44. Die Verstorbenen leben gleich nebenan

Symbol/Vorbereitung
Eine offene (Sakristei-)Tür.

Lesungen
Offb 3,20–21: Ich stehe vor der Tür und klopfe an.
Im letzten Buch der Bibel, der Offenbarung des Johannes, lässt der Evangelist Jesus sprechen:
Ich stehe vor der Tür und klopfe an. Wer meine Stimme hört und die Tür öffnet, bei dem werde ich eintreten; und wir werden Mahl halten: ich mit ihm und er mit mir.
Wer siegt, der darf mit mir auf meinem Thron sitzen; so wie auch ich gesiegt habe und mich mit meinem Vater auf seinen Thron gesetzt habe.

Joh 10,7–9: Ich bin die Tür!
Alternativ: Mt 25,1–13: Für die klugen Jungfrauen stand die Tür offen.

Ansprache
Im Angesicht des Todes gehen wir auch dem Gedanken nach: Wo ist jetzt die Verstorbene? Weit weg, oben, im Nichts? Darum habe ich die Sakristeitür offen gelassen: Die Verstorbenen sind gleich nebenan in der großen Welt Gottes.
Das kann ich durch viele Aussagen von Menschen belegen, die sich darüber auch ihre Gedanken gemacht haben.
1. Ich zitiere die blinde Helen Keller im Gespräch mit der früheren Filmschauspielerin Lilli Palmer. Helen mit nachdrücklicher Stimme: »Der Tod ist nichts weiter als ein Gang von einem Raum in den anderen.« Sie schweigt. Und dann sagte sie noch sehr bestimmt: »Aber für mich gibt es da einen Unterschied. Denn in dem anderen Raum – da werde ich sehen können!«
2. Ein Schwerkranker ergriff die Hand des Arztes, von dem er wusste, dass er gläubig war: »Mir ist so bange vor dem Sterben. Was erwartet

mich auf der anderen Seite?« »Das weiß ich auch nicht«, sagte der Arzt, aber er öffnete die Tür zum Gang. Da lief sein Hund herein und sprang an ihm hoch, erfreut, seinen Herrn wiederzusehen. Der Arzt lächelte den Kranken an: »Haben Sie das Verhalten des Hundes beobachtet? Er kannte diesen Raum nicht, wusste aber, dass sein Herr auf der anderen Seite der Tür ist. Darum sprang er fröhlich herein, sobald die Tür aufging.« Der Arzt überlegte. Dann fügte er hinzu: »Ich weiß auch nicht, was nach dem Tod auf uns wartet. Aber es genügt mir, dass mein Herr und Meister auf der anderen Seite ist. Darum werde ich, wenn sich die Tür eines Tages öffnet, mit großer Freude hinübergehen« (verkürzt nach Pierre Lefèvre).

3. Ein Kind fragt die Mutter: »Wie wird das mit dem Sterben sein?« Die Mutter antwortet mit einer Gegenfrage: »Wie ist das, wenn du abends im Sessel einschläfst, aber am Morgen in deinem Bett aufwachst?« Das Kind: »Du hast mich über die Schwelle des Zimmers in mein Bett getragen.« Die Mutter nickt: »Ich glaube, so ist das auch im Tod: Jesus trägt uns in seiner Liebe vom Diesseits ins Jenseits. Und auf der anderen Seite des Lebens wartet auf uns das, was uns ganz glücklich macht!« (nach Ernst Sieber)

(Siehe auch das Zitat von Jörg Zink unter Nr. 2)

Wir singen oft den Kanon: »Wo zwei oder drei in meinem Namen versammelt sind, da bin ich mitten unter ihnen«. Für Gott gibt es kein Oben und Unten. Alles liegt in seiner Hand.

Auch die Bibel benutzt diese Bildersprache. Wir haben sie eben in den Lesungen gehört: Jesus klopft an unsere Herzenstür und will eingelassen werden. Und Jesus sagt: »Ich bin die Tür. Wer durch sie eintritt, ist gerettet.« Unter dem Licht dieser Hoffnung dürfen wir jetzt auch das Leben des Verstorbenen betrachten *(hier Genaueres einfügen)*.

Sie kennen vielleicht auch das Gleichnis von den zehn jungen Frauen, die beim himmlischen Hochzeitsmahl dabei sein wollten. Aber fünfen wurde die Tür nicht geöffnet, weil sie keine brennenden Lampen vorweisen konnten. Wieder die Symbolsprache der Bibel, die sagen will: Wer im Leben nicht gebrannt hat in der Liebe zu Gott und den Menschen, der muss noch im »Liebeskummer« warten. Darum feiern wir für den Verstorbenen einen Gottesdienst in der Kirche, um Gott zu bitten, dass er den Mantel seiner Barmherzigkeit auch über all das legt, was der Verstorbene falsch gemacht hat. Aber mehr noch bitten wir um eine offene Tür, damit er teilnehmen darf an der Hoch-Zeit bei Gott.

45. Vom Öl im Krug des Lebens

Symbol/Vorbereitung
Ein antikes Öllämpchen, das brennt, oder Schale als Grafik.

Lesungen
1 Joh 3,14–16: Wer nicht liebt, bleibt im Tod.
    Siehe: Lektionar Bd. VI,2: »Schriftlesungen für Verstorbene«.

Mt 25,1–13: Die Klugen nahmen auch Öl in ihren Krügen mit.

Ansprache
Sie haben, liebe Trauernde, neben die Todesanzeige ein Symbol gesetzt, das eine Schale mit brennendem Feuer zeigt, so wie gleich in der Trauerhalle (in der Kirche o.Ä.) oft kleine Öllampen brennen.
Wer sich in der Bibel auskennt, weiß, worauf das hindeuten soll: Es ist nicht nur das Gedenken an den Toten – wie wir oft brennende Öllämpchen und Kerzen an den Ort eines Unfalls oder Attentats stellen. Es weist auch auf die Stelle hin, die wir eben im Evangelium gehört haben.
Mutter Teresa von Kalkutta hat das, was gemeint ist, einmal genauer ausgedrückt: »Die Öltropfen in unseren Lampen sind die kleinen Dinge im täglichen Leben: Treue, Pünktlichkeit, kleine Worte, ein Gedanke an andere, unsere Art und Weise zu schweigen, zu sprechen und zu handeln.« Paulus hat sich im Brief an die Kolosser (3,12–15) und die Philipper (4,4–9) auch dazu geäußert. Er zählt auf: Aufrichtiges Erbarmen, Güte, Demut, Milde, Geduld, Vergebung, Liebe, Friede, Dankbarkeit. Alles Ei-

genschaften, die das Miteinander gelingen lassen. Wir danken der Verstorbenen für dieses Öl in ihrem Lebenskrug *(hier Beispiele)*.

Ohne dieses Öl würde das Getriebe schon mal heiß laufen, vielleicht ginge das Licht auch schon einmal aus. Darum rufen wir in dieser Stunde Gottes Barmherzigkeit an.

Ob wir zum himmlischen Hochzeitsmahl, so die biblische Bildsprache, einmal eingelassen werden, hängt davon ab, ob wir Öl im Krug unseres Lebens aufweisen können. Wir werden nach der Liebe gefragt und nach unserem Vertrauen auf Gott. Im Hauptgebot ist die Reihenfolge genau umgekehrt: Aus dem Vertrauen auf Gott fließt der Mut zur Liebe und zur Verzeihung.

Wir hier haben noch Zeit, uns genügend Öl zu besorgen, um Licht für die Welt zu sein (Mt 5,14). Denn eins ist gewiss: Der Ruf »Der Bräutigam kommt!« ertönt meistens überraschend.

46. Jesus zieht alle an sich

Symbol/Vorbereitung
Ein Magnet.

Hinweis
Geeignet bei einer beliebten Person mit großer Ausstrahlung.

Lesungen
1 Thess 4,13–14.17b–18: Wir werden immer beim Herrn sein.
    Siehe: Lektionar Bd. VI,2: »Schriftlesungen für Verstorbene«.

Mt 11,28–29: Kommt alle zu mir.

Ansprache
Jeder Mensch hat eine Ausstrahlung, seine Aura. Manche haben eine solche Ausstrahlung, dass sie anziehend wirken wie ein Magnet. Wer in das Kräftefeld ihrer Liebe gerät, richtet sich anders aus.

Der Verstorbene war so eine Persönlichkeit. Wohin hat er alles ausgestrahlt, wie viele hat er angezogen?! *(Jetzt aufzählen, wo und wie der Verstorbene ausstrahlte und anzog.)* Dafür danken wir heute.

Wir wissen von einem, der auch die Menschen anzog, weil eine Kraft von ihm ausging, die andere sogar heilen konnte. Er ist es, der im Evangelium auch uns einlud: »Kommt doch alle zu mir …, so werdet ihr Ruhe finden für eure Seele.« Selbst wer sich im Kräftefeld der Liebe bewegt, weiß, dass er Jesus mehr als »alles« braucht, um die innere Mitte und den entscheidenden Halt zu finden. Aber auch alle, die das nicht verstehen oder nicht glauben können, sind eingeladen, sich gerade im Angesicht des Todes auf Jesus Christus einzulassen.

Eine Geschichte berichtet, dass zum englischen Physiker Isaac Newton (1643–1727) ein Zweifler kam und fragte: »Wie will Gott das machen, dass die Menschen wieder auferstehen, wenn sie einmal zu Staub zerfallen sind?« Newton nahm eine Menge Staub, mischte feinste Eisenfeilspäne darunter und fragte: »Wie kann man jetzt den Eisenstaub vom Sandstaub trennen?« Ja, genau das wollte der Frager doch wissen! Da nahm Newton, eines der größten Genies aller Zeiten, einen Magneten, hielt ihn über das Gemisch und hatte im Nu die beiden Staubarten getrennt.

Dann sagte Newton noch: »Gott hat den Menschen geschaffen und den Magneten. An der Kraft des Magneten zweifeln Sie nicht, aber an der Kraft Gottes wollen Sie zweifeln?« (nach Rolf Sättler).

Jetzt kommt es noch darauf an, dass wir in den Augen Gottes in unserem Leben auch genügend Liebe verschenkt und damit Gewicht angesammelt haben, um als Eisenstaub von ihm angezogen zu werden. Denn das wissen wir: Am Ende des Lebens zählt nicht unser Konto, sondern die Liebe. Sie gibt uns das Gewicht, an dem Gott den Magneten seiner Barmherzigkeit ansetzen kann.

So lasst uns jetzt beten für den Verstorbenen und für uns, dass wir im Leben genügend Zeit in Ewigkeit verwandeln können.

47. Unsere Zeit in Gottes Händen

Symbol/Vorbereitung
Ein Stundenglas.

Lesungen
Weish 4,7–10a.13.14a.15: Ehrenvolles Alter wird nicht an der Zahl der Jahre gemessen.
Siehe: Lektionar Bd. VI,2: »Schriftlesungen für Verstorbene«.

Mt 25,31–40: Das Weltgericht fragt nach der Liebe.

Ansprache
(P. zeigt das Stundenglas, das vorher schon gut zu sehen war)
1. Sie sehen, wie der Sand rinnt. Es gibt nur eine begrenzte Zeit für jeden Menschen, und die fließt rasend schnell. *Unsere* Uhren täuschen: Sie gaukeln uns einen ewigen Kreislauf vor. Nein, es gibt einen Anfang und ein Ende. Der Verstorbene durfte … Jahre leben. Wie viele Stunden und Minuten waren das! Aber schon die Lesung aus dem Buch der Weisheit sagte: Ob wir ehrenvoll gelebt haben, wird nicht an der Zahl der Jahre gemessen.
2. In der oberen Hälfte müssten kleine Goldkörnchen sein. Denn jeder Augenblick des Lebens ist kostbar. Wer älter wird, weiß, wenn er morgens auf der Bettkante sitzt, dass es nicht selbstverständlich ist, wenn alle seine Sinne intakt sind … Darum sollte der erste Augenblick des Tages dem »Danke-Sagen« gewidmet sein. Dankbarkeit bewahrt vor Unzufriedenheit, Gleichgültigkeit, ja Verzweiflung. Danken dürfen wir jetzt auch dem Verstorbenen *(Genaueres aufzählen)*. Manche Körnchen gingen nur schwer und ächzend in die untere Hälfte *(jetzt von den Nöten seines Lebens erzählen)*.
3. In der unteren Hälfte müssten ebenfalls Goldkörnchen sein; sie sind wichtiger als die oben. Denn es ist entscheidend, dass ich im Leben weiß, worauf es ankommt, was ich aus der kostbaren Zeit gemacht habe. Das Evangelium eben gab unmissverständlich Auskunft: Am

Ende des Lebens mögen die Goldkörner auf der Bank beruhigend und wichtig sein, aber vor den Augen Gottes können nur die Goldkörner des Vertrauens auf Gott und der Liebe zueinander bestehen. Im Hauptgebot hat er es uns ins Herz geschrieben: Nur die Liebe zählt: »Was ihr für eine meiner geringsten Schwestern und einen meiner geringsten Brüder getan habt, das habt ihr mir getan!« (Mt 25,40).
Was bleibt denn von uns? Gehen wir heute einmal durch unsere Wohnung: Alles, was wir fünf Jahre lang nicht angesehen oder gebraucht haben, könnten wir verschenken! Und wenn wir in ein Zimmer ins Altenwohnheim müssen: Was dürfen wir mitnehmen? Was bleibt? Nur das Vertrauen auf Gott und die Liebe, die daraus geflossen ist!
4. Auch unsere Zeit liegt in Gottes Händen. Wir wissen nicht, wie lange die Körnchen unserer Zeit noch rinnen. Nur die Liebe zählt!
Und doch darf der Verstorbene – dürfen wir alles Gott in die Hände legen: was im Leben zerbrochen ist; was nur Fassade war; wo wir hinter unseren Möglichkeiten blieben. Gott entzündet seine Barmherzigkeit an einem von unseren Goldkörnchen in der unteren Hälfte. Das ist jetzt unser Bitten und unser Vertrauen: Lasst uns beten, dass wir kostbare Zeit in Ewigkeit verwandeln dürfen.

48. Bis zum Abpfiff gekämpft

Symbol/Vorbereitung
Eine Schiedsrichterpfeife.

Hinweis
Besonders bei Sportbegeisterten.

Lesungen
Jes 25,8–9: Gott beseitigt den Tod für immer.
  Siehe: Lektionar Bd. VI,2: »Schriftlesungen für Verstorbene«.

Lk 23,44–46; 24,1–5: Was sucht ihr den Lebenden bei den Toten?

Ansprache

Sie sehen in meiner Hand eine Schiedsrichterpfeife. Ich habe sie mitgebracht, weil der Verstorbene kaum ein Spiel seiner Mannschaft ausließ und der Fußball *(hier die entsprechende Sportart nennen)* ihm viel bedeutete.

Unser Leben ist ja auch wie ein faszinierendes Spiel: Jeder ist wichtig an der Stelle, wo er steht. Wir danken dem Verstorbenen, dass er seinen Mann stand und immer Einsatzbereitschaft zeigte *(einige Beispiele)*. Er ließ sich auch von Zuschauern nicht niederbrüllen, wenn er seine Linie verfolgte. Bis zum Ende hat er gekämpft, als wäre im letzten Moment noch die Wende möglich gewesen … Wie viel Schläge, Schrammen, Tritte musste er einstecken! Wie oft versuchte er Fouls durch Gutes zu überwinden!

Wenn der Schiedsrichter durch einen Pfiff eingriff, war das ja gut, denn es wurde ein Foul geahndet. Aber wie oft ließ er weiterspielen, weil er die verdeckten Fouls nicht gesehen hatte?!

Auch in uns ertönen solche Pfiffe. Gott hat uns ja für das Spiel des Lebens ein Gewissen gegeben, das uns signalisiert, wenn etwas falsch läuft. Wenn der Verstorbene auch schon mal weitergespielt hat, obwohl ein innerer Pfiff ertönte, möchten wir Gott deshalb jetzt stellvertretend für ihn um Verzeihung bitten.

Dann kommt der lange Doppelpfiff, der Schlusspfiff. In dem Augenblick fallen sich die Sieger in die Arme und empfangen dann den Pokal oder die Trophäe. Für die anderen ist dann alles zu spät. Das gilt auch für jeden Einzelspieler. Wer die erste Halbzeit verbummelt hat, in der zweiten Halbzeit keinen Sturmlauf versuchte oder die Konterchancen ausließ, steht jetzt mit leeren Händen da.

Selbst wer einige Pokale in seiner Wohnung aufstellen durfte: Wie lange werden sie nach dem Tod noch stehen? Haben Kinder und Enkel noch Verständnis? Werden die Trophäen bald entsorgt?

Wer nicht über das diesseitige Spielfeld hinausschaut, ist im Tode arm dran. Darum trösten uns die Worte aus der Heiligen Schrift, wie wir sie eben gehört haben: Gott hat in Jesus Christus den Tod für immer besiegt. Es bleibt der Engpass im Tod, wenn wir uns durch den Tunnel zwängen müssen. Aber dann bekommen wir den Siegerpokal überreicht, weil wir im Vertrauen auf Gott und in der Liebe zu den Menschen versucht haben, auf dem Spielfeld unseres Lebens Einsatz zu zeigen. Nach der Arena in diesem Leben – manchmal in zähem Ringen – bald der weite Paradiesgarten in einer Gemeinschaft, in der uns vor Freude Hören und Sehen vergeht.

Jetzt bitten wir Gott für den Verstorbenen und auch für uns, die Fouls zu verzeihen. Bis wir einmal gemeinsam auf dem Spielfeld Gottes einlaufen dürfen, um das Fest der Feste zu feiern.

49. Gott, dir will ich singen und spielen

Symbol/Vorbereitung
Eine Notenzeile.

Hinweis
Bei einem Musikfreund oder Musiker.

Lesungen
Offb 5,7–10: Sie sangen ein neues Lied.
 Das letzte Buch der Bibel, die Offenbarung des Johannes, beschreibt in wunderbaren Bildern, was auf uns zukommt.
 Das Lamm trat heran und empfing das Buch aus der rechten Hand dessen, der auf dem Thron saß.
 Als es das Buch empfangen hatte, fielen die vier Lebewesen und die vierundzwanzig Ältesten vor dem Lamm nieder; alle trugen Harfen und goldene Schalen voll von Räucherwerk; das sind die Gebete der Heiligen. Und sie singen ein neues Lied.
 Würdig bist du, das Buch zu nehmen und seine Siegel zu öffnen;
 denn du wurdest geschlachtet
 und hast mit deinem Blut Menschen für Gott erworben
 aus allen Stämmen und Sprachen,
 aus allen Nationen und Völkern,

und du hast sie für unseren Gott
zu Königen und Priestern gemacht;
und sie werden auf der Erde herrschen.

Joh 17,24–26: Alle sollen meine Herrlichkeit sehen.

Ansprache

Sie, liebe Trauernde, haben in die Todesanzeige eine Liedzeile eingefügt. Damit wollten Sie ausdrücken: Mitten in unserer Trauer möchten wir vor Dankbarkeit ein frohes Lied anstimmen, weil wir diesen Menschen in unserer Mitte hatten und bei Gott in unserer Mitte behalten. Wenn Sie christlich geprägt sind, dürfen Sie sogar das Halleluja anstimmen. Händel, der uns in seinem »Messias« eine der schönsten Halleluja-Vertonungen schenkte, schuf dieses Meisterwerk in schwieriger Situation:
Der knapp 60-jährige Georg Friedrich Händel († 1759) schritt einmal deprimiert durch Londons Straßen, weil sich die vornehme Welt von seiner Musik abgewandt hatte und er mittlerweile in materielle Not geraten war. Zu Hause blätterte er gleichgültig in einem dicken Postpaket, das ein zweitrangiger Dichter ihm als »geistliches Oratorium« zugesandt hatte, bis ihm die Zeilen in die Augen sprangen: »Er war verachtet und verschmäht von den Menschen ... da war nicht einer, der Mitleid mit ihm hatte ... aber ich weiß, dass mein Erlöser lebt ... Halleluja!« Da steckte ihn »ein Funke von oben« in Brand und wunderbare Klänge erfüllten sein Inneres. 24 Tage arbeitete er Tag und Nacht wie ein Besessener, fast ohne Nahrung und Schlaf. Dann fiel er erschöpft auf sein Bett. Die Partitur des »Messias« war geboren!
Vorher war jeder schöpferische Funke in ihm erloschen und dann diese Auferstehung! – Jetzt brauchen auch Sie den Funken von oben, der Sie aus Trauer oder Niedergeschlagenheit reißt und Sie neu leben lässt.
Für Christen bleibt festzuhalten: Da, wo unsere geschwätzige, eilige Welt im Angesicht eines Todes still und verlegen wird, da dürfen wir das Halleluja anstimmen. Oder wie es in der Lesung hieß: »Das neue Lied singen«, weil der Tod nicht das letzte Wort hat.
So hieß es in der Anzeige eines verstorbenen Kirchenmusikers:

Wenn es so etwas wie Zukunftsmusik gibt,
dann ist sie am Ostermorgen in unsere Zeit gekommen:
Zur Begrüßung der neuen Welt,
in der Tod und Leid nicht mehr sein werden.
Das müsste freilich eine Musik sein –
nicht nur für Flöten und Geigen,
nicht nur für Trompeten, Orgel und Kontrabass,
sondern für die ganze Schöpfung geschrieben,
für jede seufzende Kreatur,
so dass alle Welt einstimmen
und Groß und Klein,
und sei es unter Tränen,
wirklich jauchzen kann,
ja so, dass selbst die stummen Dinge
und die groben Klötze mitsummen und mitbrummen müssen:
Die neue Welt ist da, geheimnisvoll uns allen weit voraus,
aber doch eben da.

IN ANLEHNUNG AN EBERHARD JÜNGEL

Wir danken dem Verstorbenen für alles, was er uns in der Musik geschenkt hat *(jetzt einiges aufzählen)*. Aus Dankbarkeit singen wir ein Auferstehungslied, ganz von der Stimmung getragen, die uns schon im Ps 71 begegnet und in die der Verstorbene jetzt von der anderen Seite einstimmen kann:

Ich will dir danken mit Saitenspiel,
mein Gott; ich will dir auf der Harfe spielen.
Meine Lippen sollen jubeln,
denn dir will ich singen und spielen;
meine Seele, die du erlöst hast, soll jubeln.

PS 71,22F

Auferstehungslied

50. Er erbarmt sich von Geschlecht zu Geschlecht

Symbol/Vorbereitung
Eine geschnitzte Marienstatue.

Hinweis
Besonders geeignet bei Marienverehrer/innen.

Lesungen
1 Joh 3,14–16: Wer nicht liebt, bleibt im Tod.
Siehe: Lektionar Bd. VI,2: »Schriftlesungen für Verstorbene«.

Mt 5,1–12a: Die Seligpreisungen.

Ansprache
Sie haben, liebe Trauernde, auf die Vorderseite des Totenzettels ein Bild der Gottesmutter drucken lassen. Ich lese daraus eine besondere Verehrung Marias, in deren Leben es viel Leid und auch tiefe Trauer gab, besonders als sie ihren toten Sohn auf dem Schoß liegen hatte.
Hier vorne habe ich deshalb eine geschnitzte Marienstatue hingestellt, damit wir genauer hinsehen. Zunächst hat der Künstler nur einen Holzklotz vor sich, dann fallen die Späne; bis langsam das Gestalt annimmt, was er bereits im Holzklotz erblickt hat.
Bei jedem von uns müssen – wie bei Maria – Späne fallen, wenn der »Holzschnitzer Jesus Christus« mit seinen Werkzeugen näher rückt. Er hat diesen Prozess ja selbst durchgehalten, als der Vater ihm die Feigheit der Freunde und die Folter zumutete. Auch Maria hat nur im Vertrauen auf Gott das Ja wagen können für einen Weg, unter dem sie sich nichts vorstellen konnte.
So fielen auch bei N.N. die Späne. Die ganz persönliche Maserung dabei stört nicht. Aber ein solcher Prozess dauert und kann oft schmerzhaft sein. Wir dürfen uns jetzt dankbar der Schnitzarbeit Gottes an der Verstorbenen erinnern *(jetzt mehr die schwierigen Passagen im Leben benennen)*, bis das daraus geformt war, was uns an ihr Freude schenkte

und das wir jetzt ungern abgeben *(jetzt mehr die Höhepunkte ihres Lebens schildern).*
Auch eine Violine wird aus dem Holz geeigneter Bäume gehobelt. Zum Schluss kann sie sagen: »Als ich noch in den Wäldern lebte, habe ich geschwiegen. Jetzt, da ich gestorben bin, singe ich!«
Maria stimmte solch einen Lobgesang an mit den Worten: »Meine Seele preist die Größe des Herrn, und mein Geist jubelt über Gott, meinen Retter. Denn auf die Niedrigkeit seiner Magd hat er geschaut … Er erbarmt sich von Geschlecht zu Geschlecht über alle, die ihn fürchten« (Lk 1,47.48a.50).
Es wird noch etwas dauern, bis wir nach der Trauer auch in solch einen Lobgesang einstimmen können. Jetzt aber bitten wir um Gottes Erbarmen für die Verstorbene *und* für uns.
Bis auch wir einmal, wie die Violine, sagen können: »Da ich gestorben bin, singe ich!«

51. Sterben in die mütterlichen Arme Gottes hinein

Symbol/Vorbereitung
Eine Pietà = Maria hält ihren toten Sohn im Schoß (häufig in katholischen Kirchen zu sehen)

Hinweis
Beim Tod eines Menschen, dessen Mutter noch lebt.

Lesungen
Jes 66,10–14: Wie eine Mutter, so tröste ich euch.
    Siehe Nr. 58 in diesem Buch.

Joh 14,1–3: Im Haus meines Vaters gibt es viele Wohnungen.

Ansprache

In vielen katholischen Kirchen sind Schmerz und Trauer zu sehen – bei einer Mutter. Ich meine das sogenannte Vesperbild, die Pietà, die *(genaue Ortsbeschreibung)* auch in unserer Kirche zu sehen ist. Das ganze Jahr über entzünden dort Christen Kerzen und beten für ihre Verstorbenen.

Dieses Hoffnungsbild kam im Mittelalter auf, als die Pest wütete und weit mehr als die Hälfte aller Bewohner in den Städten und Dörfern wegraffte. Das war damals ein Sterben ins Grauen. Das Bild der Gottesmutter sollte betonen: Wir sterben in die mütterlichen Arme Gottes hinein. So wie wir aus dem Schoß der Mutter herausgekommen sind, so werden wir im Tod in den mütterlichen Schoß Gottes hineinfallen.

Wir wissen, wie grausam es besonders für eine Mutter ist, das eigene Kind begraben zu müssen. Da Maria das als unsere Schwester im Glauben erfahren hat, kann sie uns im Schmerz verständnisvoll begleiten und helfen, den Verlust zuzulassen *(hier auf die Vita der/des Verstorbenen eingehen)*.

Wenn Maria uns dabei also in ihre mütterlichen Arme nimmt, trägt sie uns eigentlich ins Paradies. Wenn das sogar dem reuigen Verbrecher am Kreuz zugesagt wurde: »Heute noch wirst du mit mir im Paradies sein« (Lk 23,43), dürfen auch wir darauf vertrauen, selbst wenn wir manches falsch gemacht haben. Das darf uns natürlich nicht einladen, nachlässig oder gar überheblich zu werden, denn es steht ja auch im Lukasevangelium: »Bemüht euch mit allen Kräften, durch die enge Tür zu gelangen, und vielen gelingt es nicht« (Lk 13,24). Wir sollen also ebenso kämpfen, doch wir vertrauen dabei auf die unbegrenzte Barmherzigkeit Gottes. [So dürfen wir rufen: »Heilige Maria, Mutter Gottes, bitte für uns Sünder, jetzt und in der Stunde unseres Todes!«]

NACH ANSELM GRÜN, MÜNSTERSCHWARZACHER RUF IN DIE ZEIT, SEPT. 2008, S. 10.

52. Den Himmel bestürmen

Symbol/Vorbereitung
Betende Hände.

Lesungen
Offb 14,13: Sie sollen ausruhen von ihren Mühen.
Siehe: Lektionar Bd. VI,2: »Schriftlesungen für Verstorbene«.

Joh 11,21–27: Alles, worum du Gott bittest, wird er dir geben.

Ansprache
Sie haben, liebe Trauernde, neben der Todesanzeige und auf dem Totenzettel die »betenden Hände« von Albrecht Dürer abbilden lassen. Vielleicht kam Ihnen dabei das Wort in den Sinn, das wir eben im Evangelium gehört haben: »Alles, worum du Gott bittest, wird er dir geben!« Sie haben auch schon gebetet, vielleicht gebettelt: »Schenk uns den Verstorbenen zurück!« Aber das widerspricht den Gesetzen der Natur und unseren Erfahrungen. »Lass ihn jetzt leben im Frieden!« wäre das angemessenere Gebet. Jedenfalls bestürmen wir oft den Himmel, wenn es eng wird.

Diese Hände habe ich lange angeschaut und auf einmal darin die Hände des Verstorbenen gesehen. Da waren seine Hände, die viel gearbeitet und gegeben haben *(Beispiele)*. Seine Hände, die Halt gaben – streichelten – schützten – ohnmächtig herunterhingen an seinem Kranken- oder Sterbebett. Waren sie auch manchmal leer, zur Faust verkrampft, seelenlose Greifwerkzeuge? Oder wurden sie schnell zur Vergebung und zum Miteinander gereicht?

Am entspanntesten sind Hände beim Beten. Und wenn wir sie danach öffnen, liegen sie wie offene Schalen da, bereit zu empfangen: Dein Wille, Herr, geschehe in all unserem Bemühen.

Das wäre jetzt auch die Haltung unserer Hände: Wir müssen das Loslassen üben; dürfen die Hände aber nicht resigniert herunterhängen lassen, sondern wollen sie zum Gebet zusammenfalten, um unsichtbar nach der ausgestreckten Hand Gottes zu greifen. Und auch dem Verstorbenen wünschen wir, dass er sie ergreift, um sich ins eigentliche Leben führen zu lassen.

Sieht er genau hin, kann er durchbohrte Hände entdecken. Durchbohrt – auch für ihn.

53. Sie trugen Palmzweige in ihren Händen

Symbol/Vorbereitung

Ein Palmzweig.

Lesungen

Offb 7,2–4.9–14: Die vor dem Thron tragen Palmzweige in ihren Händen.

Der Verfasser des letzten Buches der Bibel beschreibt seine Visionen von dem, was kommen wird, mit folgenden Worten:

Dann sah ich vom Osten her einen anderen Engel emporsteigen; er hatte das Siegel des lebendigen Gottes und rief den vier Engeln, denen die Macht gegeben war, dem Land und dem Meer Schaden zuzufügen, mit lauter Stimme zu: Fügt dem Land, dem Meer und den Bäumen keinen Schaden zu, bis wir den Knechten unseres Gottes das Siegel auf die Stirn gedrückt haben.

Und ich erfuhr die Zahl derer, die mit dem Siegel gekennzeichnet waren. Es waren hundertvierundvierzigtausend aus allen Stämmen der Söhne Israels, die das Siegel trugen.

Danach sah ich eine große Schar aus allen Nationen und Stämmen, Völkern und Sprachen; niemand konnte sie zählen. Sie standen in weißen Gewändern vor dem Thron und vor dem Lamm und trugen Palmzweige in den Händen. Sie riefen mit lauter Stimme: Die Rettung kommt von unserem Gott, der auf dem Thron sitzt, und von dem Lamm.

Und alle Engel standen rings um den Thron, um die Ältesten und die vier Lebewesen. Sie warfen sich vor dem Thron nieder, beteten Gott an und sprachen:

Amen, Lob und Herrlichkeit, Weisheit und Dank, Ehre und Macht und Stärke unserem Gott in alle Ewigkeit. Amen.
Da fragte mich einer der Ältesten: Wer sind diese, die weiße Gewänder tragen, und woher sind sie gekommen?
Ich erwiderte ihm: Mein Herr, das musst du wissen. Und er sagte zu mir: Es sind die, die aus der großen Bedrängnis kommen; sie haben ihre Gewänder gewaschen und im Blut des Lammes weiß gemacht.

Joh 17,24–26: Sie sollen meine Herrlichkeit sehen.

Ansprache
Sie haben, liebe Trauernde, neben die Todesanzeige als Symbol einen Palmzweig setzen lassen. Sie wollen damit ausdrücken: Der Sieg über den Tod ist gelungen, der Lauf vollendet; dem Einzug ins Paradies Gottes steht nichts mehr im Wege.
Am Palmsonntag tragen auch wir beim nachempfundenen Einzug des Christuskönigs in Jerusalem Palmzweige in den Händen. Ebenso – das haben wir eben in der Lesung gehört – stehen die Auserwählten mit diesem Siegeszeichen vor dem Throne Gottes.
Der Palmzweig stammt von dem Baum, der Kokosnüsse trägt. Das sind zwar Steinfrüchte, aber wir sehen sie als die größten Nüsse an, die wir kennen. Gott gibt uns im Leben eine Menge Nüsse zu knacken; am schwersten ist für uns Menschen dabei die Nuss des Todes. Vielleicht sehen wir auch darum auf Abbildungen den Palmzweig in den Händen der Märtyrer und aller, die an Christus auch in Schwierigkeiten festgehalten haben. Damit soll ausgesagt sein: »Du hast gesiegt! Du erhältst den Siegespreis, den du nach diesem guten Lebenskampf verdient hast!« Den Lebenskampf des Verstorbenen legen wir jetzt in Gottes Hände. Da gab es markante Punkte *(Genaueres!)*. Vielleicht waren auch manche Nüsse nicht zu knacken. Das Urteil darüber überlassen wir Gott, bitten aber zugleich um sein Erbarmen!
Auch für uns liegt so ein Palmzweig oder ein Siegeskranz bei Gott bereit. Der hl. Paulus schreibt das ganz deutlich in seinem Brief an Timotheus: »Der Kranz der Gerechtigkeit«, so schreibt er, »liegt für mich bereit.

Nicht nur für mich liegt er bereit, sondern für alle, die sehnsüchtig auf sein Erscheinen warten« (2 Tim 4,7–8).

Was hindert uns, uns anzustrengen, die Fülle des Lebens bei Gott und seinem Sohn zu erstreben? Und dabei die Freunde auf der anderen Seite wiederzusehen!

54. Von der Hoffnung im Tod

Symbol/Vorbereitung

Ein Buchsbaumzweig.

Lesungen

Offb 7,2–4.9–14: Die vor dem Thron tragen Palmzweige in ihren Händen.
Siehe unter Nr. 53 in diesem Buch.

Joh 17,24–26: Sie sollen meine Herrlichkeit sehen.

Ansprache

Zwischen Himmel und Erde gibt es Geheimnisse, die mit unserem Verstand nicht erklärt werden können. Darum habe ich diesen Buchsbaumzweig mitgebracht, mit dem oft Gräber geschmückt oder eingefasst sind. Weil Buchsbaum das ganze Jahr über grün bleibt, ist er ein Zeichen der Hoffnung für die Trauernden. Er kann für Erfahrungen von Menschen im Bereich des Todes stehen, die uns aufhorchen lassen und trösten können.

Übereinstimmend in der ganzen Welt erzählen klinisch Tote, dass ein Licht am Ende eines Tunnels aufleuchtet. Wenn sie in dieses Licht eintauchen dürfen, ist es so beglückend, dass sie gar nicht mehr ins Leben zurückwollen.

Ein Ordensmann berichtete von einem sterbenden Mitbruder, der mit einem schwachen Handzeichen bat, sich über ihn zu beugen. Dann legte der Mitbruder seinen Arm um den Kopf des Erstaunten, drückte seine Wange ganz herzlich und sanft an sein Gesicht, und es durchzuckte den

Ordensmann – so erzählte er später – wie ein Blitz die Erkenntnis: So zärtlich nah lass dir den Tod kommen. Und er fühlte sich den ganzen Tag über wie vom Himmel berührt.

Noch geheimnisvoller der Mann im afrikanischen Busch, der Nacht für Nacht bei Kerzenlicht Briefe an Freunde und Verwandte schrieb – nach Tagen bei 40 Grad Celsius im Schatten in drückender Schwüle. Trotzdem war er voll purer Energie, »als ob« – so sagte er später – »ein Engel mich schiebt.« Ein paar Monate später zu Hause wird ihm vom langen und schwierigen Sterben der Großmutter berichtet. Sie habe die schmerzlindernden Medikamente abgelehnt mit den Worten: »Ich halte die Schmerzen gern aus für Johannes!« Da hatte dieser Mann im afrikanischen Busch über siebentausend Kilometer entfernt die Kraft und Energie dieser liebenden Großmutter erfahren – wie von einem Engel, der ihn geschoben hat.

Vielleicht könnten jetzt auch einige unter uns von ihren Erfahrungen und Begegnungen erzählen, wenn sie nicht Angst hätten, belächelt zu werden. Darum mag dieser Buchsbaumzweig *(P. hebt ihn wieder hoch)* ein Hoffnungszeichen am Grabe dafür sein, dass der Tod nicht das letzte Wort hat und die Herrlichkeit auf der anderen Seite des Lebens schon jetzt ab und zu Spuren hinterlässt.

Auf diesem Hintergrund dürfen wir in Dankbarkeit vom Verstorbenen Abschied nehmen. Lichtsignale gab es auch in seinem Leben *(Beispiele)*. Licht hebt sich erst ab, wenn da auch Dunkelheiten sind *(aufzählen)*. Doch wir vertrauen darauf, dass Jesus ihn jetzt in sein ewiges Licht eintreten lässt und in seine Herrlichkeit führt.

Wir vergessen nicht, dass schon am Palmsonntag die Menschen mit grünen Zweigen dem Christuskönig zujubelten:»Hosanna (das heißt so viel wie »Hilf doch!«) dem Sohn Davids! Gesegnet sei er, der kommt im Namen des Herrn. Hosanna (hilf doch!) in der Höhe!« (Mt 21,9).

DIE ERFAHRUNGEN VOM ORDENSMANN UND DEM MANN IN AFRIKA SIND DEM MÜNSTERSCHWARZACHER RUF IN DIE ZEIT, SEPT. 2008, S. 4F ENTNOMMEN.

55. Vom Sprung ins neue Leben

Symbol/Vorbereitung
Ein Hühnerei.

Hinweis
Gut geeignet bei einer Ansprache für eine Person, die zuletzt sehr unter Atemnot gelitten hat; besonders in der Osterzeit.

Lesungen
1 Kor 15,51–58: Wir werden verwandelt werden.
Alternativ: 1 Petr 1,3–9: Durch die Auferstehung Jesu Christi haben wir eine lebendige Hoffnung.
   Siehe Nr. 3 in diesem Buch.

Joh 3,14–18: Jesus kam, um die Welt zu retten.

Ansprache
(P. zeigt das Hühnerei:) Ja, Sie sehen richtig: Ich zeige Ihnen ein Hühnerei. Und wahrscheinlich kennen Sie sich damit aus: Die Schale ist so kräftig, dass es kaum jemandem möglich ist, das Ei zu zerdrücken, wenn es waagerecht in der Handfläche liegt. Was aber noch mehr zum Staunen bewegen kann, ist das, was sich innerhalb der Schale abspielt:
Wenn ein Küken so weit entwickelt und herangewachsen ist, dass es den Innenraum des Eies ganz ausfüllt, bekommt es Atemnot und der Blutdruck steigt; denn das kleine Beutelchen voller Luft im Ei reicht nicht mehr aus. Aber alle Angst nützt dem Küken nichts, es würde elendig ersticken.
Wir erinnern uns an die schwere Atemnot der Verstorbenen in den letzten Tagen ihres Lebens. Zu dieser Angst zu ersticken kann auch noch der Zweifel kommen: Ist jetzt alles aus?
Aber der Schöpfer hat dem kleinen Küken ein rettendes Werkzeug mitgegeben, eine kleine Säge, den sogenannten Eizahn, der genau über dem Schnäbelchen sitzt. Diese kleine Säge hat das Küken vorher nie benutzt

und wird es später nie mehr gebrauchen. Es pickt sich in stundenlanger Schwerstarbeit in die neue Freiheit und springt erleichtert ins neue Leben. Die kleine Säge, der Eizahn, ist für uns der Glaube an die Auferstehung. Natürlich kann keiner beweisen, dass es außerhalb der Eierschalen unserer Welt noch ein neues Leben gibt, aber es kann uns ja nachher auch keiner sagen: »Es ist richtig! Ich bin in die neue Welt gesprungen!« Es bleibt auf dieser Seite unserer Welt ein Geheimnis; vielleicht um uns die Freiheit der Entscheidung zu überlassen. Freuen wir uns also über unseren Glauben an das neue eigentliche Leben, das auf uns wartet! Wir wünschen es jetzt auch der Verstorbenen!

An Ostern malen wir so ein Ei rot an. Rot ist die Farbe des Lebens und der Liebe. Und wir dürfen gerne an die Liebe der Verstorbenen zurückdenken *(hier ein paar Beispiele: die Kinder und Eheleute, die Liebe zum Partner, zum Beruf ...)*. Manchmal malen wir das Ei auch blau an. Blau ist die Farbe des Vertrauens, des Glaubens und der Treue *(Beispiele)*. Manche Ostereier fallen gelb aus. So dürfen wir uns an die Sonnenstrahlen im Leben der Verstorbenen erinnern *(Beispiele)*. Noch andere Farben sind denkbar. Sie alle laden uns ein, danke zu sagen, dass wir sie gehabt haben; vor allem aber, ihr jetzt zu wünschen, dass Gott ihren Sprung in seine neue herrliche Welt gelingen lässt. *(P. legt das Ei auf den Altar)*

56. Dem empfohlen, der auf krummen Zeilen gerade schreibt

Symbol/Vorbereitung
Ein schöner Apfel und eine Christbaumkugel.

Hinweis
Besonders in der Advents- und Weihnachtszeit geeignet.

Lesungen
1 Joh 3,14–16: Wer nicht liebt, bleibt im Tod.
    Siehe: Lektionar Bd. VI,2: »Schriftlesungen für Verstorbene«.

Joh 14,1–6: In meinem Haus sind viele Wohnungen – Ich bin der Weg und die Wahrheit und das Leben.

Ansprache

Wir leben in einer Zeit der Verführung und der Süchte. Jeder, auch der Verstorbene, muss oder musste sich mit diesen Versuchungen auseinandersetzen *(P zeigt den Apfel:)* Dafür steht dieser Apfel, der uns an den Baum der Erkenntnis von Gut und Böse im Paradies erinnern will und daran, dass Adam und Eva, also »der Mann« und »die Frau«, auf die verführerische Schlange hereinfielen und die verbotene Frucht aßen (Gen 3). Jedenfalls sehen wir auf Malereien oft diese Szene mit einem schönen Apfel oder einer Granatfrucht.

Trotzdem haben wir im Leben den Auftrag, Früchte zu tragen, und so mag dieser Apfel auch symbolisch für all das stehen, was der Verstorbene in seinem Leben erreicht hat *(aufzählen)*. Wir bitten Gott aber auch um Barmherzigkeit für all das, was in den Augen der Menschen gut war, von Gott aber anders gesehen wird.

Die Geschichte mit dem Apfel geht aber noch weiter. Sie verstehen ja im Advent oder bald unter dem Weihnachtsbaum Äpfel nicht als ein negatives Symbol. Denn als die Menschen nach Tod und Auferstehung Jesu begriffen haben, dass die Pforten des Paradieses wieder geöffnet sind, haben sie den Apfel als Zeichen der Erlösung in den Weihnachtsbaum gehängt, jedenfalls nun schon seit vielen Jahrzehnten. Da Äpfel aber zu schwer sind, wurden Holzäpfel genommen. Damit waren die Menschen bald auch nicht mehr so recht glücklich und haben dann über diese Holzäpfelchen Silber- oder Goldfolie geklebt, um das Zeichen der Erlösung gebührend hervorzuheben. Und daraus sind diese *(P. zeigt die Weihnachtskugel)* Kugeln geworden, mit denen viele gedankenlos oder aus alter Gewohnheit den Weihnachtsbaum schmücken. Schauen Sie genau hin: Hier ist nichts Eckiges mehr, nichts Eingebeultes oder Spitzes, nein, hier gibt es kein Oben oder Unten, kein Vorn oder Hinten, keinen Anfang und kein Ende – es ist wie mit Gott: ohne Anfang, ohne Ende. Ewig, unbegreiflich. Aber einer, der in seinem Sohn auf krummen Zeilen geschrieben hat; der aus der Frucht des Bösen die Kugel der Erlösung geformt hat – wie wir ja auch erleben können, dass sich erst viel später die positiven Seiten eines harten Einschnitts zeigen.

Diesem Gott vertrauen wir jetzt den Verstorbenen an, damit die Früchte seiner Arbeit in der Welt nicht verderben und Gott ihn in die Herrlichkeit erhebt, die uns in seinem Reich, in seinen Wohnungen versprochen ist.

(P. legt Apfel und Christbaumkugel auf den Altar)

57. Wie Phönix aus der Asche

Symbol/Vorbereitung
Die Urne des/der Verstorbenen.

Hinweis
Geeignet bei einer Urnenbestattung.

Lesungen

Sir 17,26–32: Kehre zum Höchsten zurück.

In einem Buch des Alten Testamentes, im Buch Jesus Sirach, heißt es: Kehre zum Höchsten zurück, und wende dich ab vom Bösen, hasse stets das Schlechte! Wer wird in der Unterwelt den Höchsten loben anstelle derer, die leben und ihn preisen? Beim Toten, der nicht mehr ist, verstummt der Lobgesang; nur der Lebende und Gesunde preist den Herrn. Wie groß ist das Erbarmen des Herrn und seine Nachsicht gegen alle, die umkehren zu ihm. Denn nicht wie Gott ist der Mensch, Gottes Gedanken sind nicht wie die Gedanken der Menschen. Was ist heller als die Sonne? Und selbst sie verfinstert sich; so ist auch das Begehren von Fleisch und Blut böse. Das Heer in der Höhe zieht er zur Rechenschaft; erst recht die Menschen, die nur Staub und Asche sind.

Joh 12,24–26: Wenn das Weizenkorn nicht in die Erde fällt …

Ansprache

Die Asche der Verstorbenen liegt in dieser Urne. Der Prozess, dem wir alle unterworfen sind, ist hier nur etwas schneller herbeigeführt: Von uns bleibt, mit den Augen dieser Welt gesehen, nur Asche und Staub übrig.

Aber ihre Seele ist jetzt woanders: das, was sie lachen und glauben ließ und was unser Miteinander so bereicherte. Doch die Erinnerung bleibt in unseren Herzen *(Genaueres aufzählen)*.

Die Menschen haben sich nie damit abfinden können, dass zuletzt nur Asche und Staub übrig bleiben; dass der Tod das letzte Wort haben soll. Auf Jesus verlässt sich ja unser Glaube, der uns über die Gesetze und Abläufe der Natur hinausträgt. Wir legen die Verstorbene wie ein Samenkorn in den Acker Gottes und freuen uns darüber, dass im Lichte der ewigen Sonne der neue Mensch aufersteht, der nicht mehr Raum und Zeit unterworfen ist.

Dafür haben sich die Christen der Frühzeit eine alte Sage zu eigen gemacht: die vom Wundervogel Phönix, der in der Größe eines Adlers und der Gestalt eines Kranichs dargestellt wird. In bestimmten Zeitabständen verbrennt er sich freiwillig, um dann verjüngt aus der Asche zu steigen. Wir kennen das vom Sprachgebrauch her, wenn einer in der Politik oder im persönlichen Leben »wie ein Phönix aus der Asche«, also sozusagen aus den Ruinen oder Scherben seiner bisherigen Existenz, wieder aufsteigt. Die Christen der Urkirche bezogen dieses Symbol der Unsterblichkeit auf Jesus, der von den Toten auferstand und den kein Grab und Stein festhalten konnten. Er kann auch die Seele der Verstorbenen jetzt in seine Herrlichkeit holen.

In der Lesung hieß es im letzten Vers: »Das Heer in der Höhe zieht Gott zur Rechenschaft, erst recht die Menschen, die nur Staub und Asche sind.« Auf das Feuer des Phönix bezogen, möchten wir beten: Herr, lass bei unserer Verstorbenen im Feuer deiner Prüfung auch all das verbrannt sein, was vor dir nicht bestehen kann. Damit sie jetzt rein und gut vor dir steht.

NACH EINER IDEE VON ROLAND BREITENBACH

58. Wie ein Engel, der Gott schaut

Symbol/Vorbereitung
Eine Engeldarstellung.

Hinweis
Ein Kind wird beerdigt.

Lesungen
Jes 66,10–14: Wie eine Mutter ihren Sohn tröstet, so tröste ich euch.
Beim Propheten Jesaja stehen die tröstlichen Worte:
Freut euch mit Jerusalem! Jubelt in der Stadt, alle, die ihr sie liebt. Seid fröhlich mit ihr, alle, die ihr über sie traurig wart. Saugt euch satt an ihrer tröstenden Brust, trinkt und labt euch an ihrem mütterlichen Reichtum! Denn so spricht der Herr: Seht her: Wie einen Strom leite ich den Frieden zu ihr und den Reichtum der Völker wie einen rauschenden Bach. Ihre Kinder wird man auf den Armen tragen und auf den Knien schaukeln. Wie eine Mutter ihren Sohn tröstet, so tröste ich euch; in Jerusalem findet ihr Trost. Wenn ihr das seht, wird euer Herz sich freuen, und ihr werdet aufblühen wie frisches Gras. So offenbart sich die Hand des Herrn an seinen Knechten, aber seine Feinde wird er bedrohen.

Mt 18,10–14: Ihre Engel im Himmel sehen stets das Angesicht meines Vaters.
Alternativ: Mk 10,13–16: Er nahm die Kinder in seine Arme.

Ansprache
Sie haben, liebe Eltern, neben die Todesanzeige Ihres Kindes als Symbol einen Engel gesetzt. Das habe ich schon oft gesehen, auch auf Grabsteinen von Kindern. Es ist ja ein tröstlicher Gedanke, dass dieses Kind jetzt wie ein unschuldiger Engel das Angesicht Gottes für immer schauen darf. So hörten wir das im Evangelium von ihren Schutzengeln (Mt 18,10), und schon viele Kinder haben beim Sterben gesagt: »Ich sehe

Engel.« Es ist tröstlich, sich vorzustellen, dass ein Engel das Kind holt, ihm die Angst nimmt und ein sicherer Wegbegleiter ist ins Reich des Lichtes.

Auch in Texten drücken das Eltern oft aus, sehen sogar in ihrem Kind den Engel. Da lese ich:

> Es war ein Engel auf der Reise.
> Er wollte nur ganz kurz bei euch sein.
> Warum er ging, weiß Gott allein.
> Ein Hauch nur bleibt von ihm zurück,
> in eurem Herzen ein großes Stück.
> Er wird jetzt immer bei euch sein.
> Vergesst ihn nicht, er war so klein.
> Geht nun ein Wind am milden Tag,
> so denkt, es war sein Flügelschlag.
> Und wenn ihr fragt, wo mag er sein?:
> Ein Engel ist niemals allein!
>
> Er kann jetzt alle Farben seh'n
> und barfuß durch die Wolken geh'n.
> Und wenn ihr ihn ganz doll vermisst
> und weint, weil er nicht bei euch ist,
> so denkt, im Himmel,
> wo's ihn nun gibt, erzählt er stolz:
> Ich werd' geliebt!
>
> DAPHNE

Das Bild eines weinenden Engels am Grab soll vielleicht auch ausdrücken: »Gott weint mit.« In seinem Sohn weicht er dem Schmerz und der Trauer nicht aus. Dieser Gott wird abwischen alle Tränen von unseren Augen (Offb 21,4), denn unsere Traurigkeit soll in Freude verwandelt werden (Joh 16,20): Er nimmt die Kinder in seine Arme (Mk 10,16a). *(Jetzt kann noch Tröstliches gesagt werden.)*

Wichtig ist, dass alle über ein Ritual Abschied nehmen können:

Beispiele:
Alle kommen nach vorne und stecken eine brennende Vigilkerze (oder ein Teelicht) in den Sand um das Bild des Kindes.
Oder sie legen einen weißen Stein oder eine bunte Murmel ab
oder einen Schmetterling,
oder sie hängen Bitten an ein Rosenbäumchen, das auf das Grab des Kindes gepflanzt wird,
oder sie legen Blumen um das Bild,
oder sie legen ein Weihrauchkorn auf eine glühende Kohle im Weihrauchfass (= die Verbundenheit mit der entschwundenen Seele oder sinnbildlich für die zu Gott aufsteigenden Gebete).

So ähnlich kann auch die Begräbnisfeier für ein ungeborenes Kind stattfinden. Es eignen sich auch die Nummern 18 und 19 (Schmetterling) und 32 (Stern):

Wenn du bei Nacht den Himmel anschaust,
wird es dir sein, als lachten alle Sterne,
weil ich auf einem von ihnen wohne,
weil ich auf einem von ihnen lache.

ANTOINE DE SAINT-EXUPÉRY

59. Ein Leben zwischen Distel und Sonne

Symbol/Vorbereitung

Die doppelseitige Karte »Sonnenuntergang« ist innen auf beiden Seiten frei; auf der Rückseite trägt sie den Refrain des Liedes »Von guten Mächten« von Dietrich Bonhoeffer. Bestellnummer 285 bei Neues Buch, Postfach 5122, D-61125 Nidderau-Ostheim, Tel. 06187/28310, Fax /28307.

SONNENUNTERGANG – FOTO: MARTIN SIMONS, © NEUESBUCH VERLAG

Denkbar ist auch, ein solches Motiv groß aufzumalen.

Hinweis

Gut geeignet für jemanden, der es im Leben sehr schwer hatte und es im Vertrauen auf Gott meisterte.

Lesungen

2 Kor 12,7–10: Auch in den Disteln des Lebens auf die Kraft Christi vertrauen;
Mt 16,24–27: Nachfolge in der Selbstverleugnung.

Ansprache

Es ist leicht gesagt, in den Disteln des Lebens auf die Kraft Christi vertrauen – wie es in der Lesung hieß. Denn die Dornen des Lebens können tief verletzen.
Im Blick auf unseren Verstorbenen N.N. staunen wir, wie er diese Stiche ausgehalten hat *(Näheres)*. Wem das Leben so übel mitspielt, ist oft unfähig, noch das Positive, die Sonne über allem wahrzunehmen. Manchmal ist die Verbitterung so tief, die Verurteilung Gottes, der das zulässt, so stark, dass man irrewird und sich vor allem verschließt, was das Herz noch weiten könnte. Nicht so der Verstorbene. Er konnte mit Jesus sprechen: »Vater, nicht mein Wille, der deine soll geschehen!« (Lk 22,42b).

Der, dessen Angstschweiß wie Blut zur Erde tropfte, hat uns ein Beispiel gegeben, das N.N. bewegte.

In einem schlimmen Fall, in dem die Schmerzen durch Operationen und alle palliative Kunst nicht zu mildern waren, verlangte ein Vater von seinen Söhnen, die Tierärzte waren, die tödliche Spritze. Doch die Söhne weigerten sich weinend; sie hätten ja auch ein Leben lang darunter leiden müssen, hier etwas Falsches getan zu haben.

Der herbeigerufene Priester war auch zuerst ratlos, aber dann sah er das Kreuz über dem Bett des Kranken und riet ihm: »Wenn es nicht mehr auszuhalten ist, dann schauen Sie auf das Kreuz, denn Er versteht Sie, weil er auch durch die Hölle des Martyriums gegangen ist.« Später gestand dieser Mann, das wäre das Einzige gewesen, was ihm die Qual erleichtert habe.

Wir singen im Lied: »Sonne der Gerechtigkeit« (GL 644) und meinen damit die Sonne, die uns in Jesus Christus aufgeleuchtet ist. Wir danken dem Verstorbenen für manchen Sonnenstrahl, den er trotz des schweren Kreuzes auf seinen Schultern an uns verschenkte. *(Näheres – und sei es, dass er sein Leid für andere aufgeopfert hat, damit es einen Sinn bekommt.)*

Der Glaube an den Sohn Gottes kann Berge versetzen. Das geschah auch, als Dietrich Bonhoeffer vor seinem grausamen Tod (er wurde am 9. April 1945 an einem langen Nagel aufgehängt) noch das Lied dichten konnte, das wir jetzt beten und gleich singen können: Von guten Mächten wunderbar geborgen, / erwarten wir getrost, was kommen mag. / Gott ist mit uns am Abend und am Morgen / und ganz gewiss an jedem neuen Tag.

Diese guten Mächte mögen jetzt auch N.N. umfangen.

60. Der leuchtende Schatten in unseren Zweifeln

Symbol/Vorbereitung

Das vierseitige Andachtsbild Nr. 893 D für jeden vom Rottenburger Kunstverlag Ver Sacrum, Schulergasse 1, D-72108 Rottenburg, Tel. 07472/3011, Fax 07472/3648; E-Mail: versacrum@schwabenverlag.de (Staffelpreise). Das Andachtsbild gibt es auch als Postkarte SK 274 »Der leuchtende Schatten« von Sieger Köder im Schwabenverlag, Senefelder Straße 12, D-73760 Ostfildern, Tel. 0711/4406-162; Fax 4406-177.

DER LEUCHTENDE SCHATTEN
© SIEGER KÖDER

Lesungen

2 Kor 4,6–11: Den göttlichen Glanz auf dem Antlitz Jesu erkennen;
Lk 24,13–35: Die Emmausjünger erkennen ihn lange nicht.

Ansprache

Wenn einer stirbt, suchen wir das Licht am Ende des Tunnels. Sie sehen auf dem Bild die beiden Emmausjünger, die über zwei Stunden mit Jesus unterwegs sind, dabei über die heiligen Schriften nachdenken und doch erst später erkennen, wie sich ihre Herzen langsam wieder in Hoffnung und Vertrauen erwärmen. Der Künstler Sieger Köder hat nicht den Auferstandenen selbst gemalt, sondern er stellt ihn als leuchtenden Schatten zwischen den beiden Zweifelnden dar. Doch wir wissen: Nur etwas, was wirklich ist, kann Schatten werfen.

Die geheimnisvolle Umschreibung des Wirkens Gottes kennen wir auch aus der Botschaft des Engels Gabriel an die erschrockene Maria mit den Worten: »Die Kraft des Höchsten wird dich *überschatten*!«

Im Schatten unserer Zweifel kann aber auch die Schuld angesiedelt sein, die unsere Seele bedrückt. Da gibt es die geheimnisvolle Geschichte von einem Mann, der seinen Schatten, seine Schuld, loswerden wollte. Aber was er auch anstellte, über ihn zu springen oder ins Wasser zu gehen, alles war vergeblich. »Dabei wäre es doch so einfach gewesen«, sagte ein Weiser, der von dem Mann hörte, »er hätte sich nur in den Schatten eines Baumes zu stellen brauchen!« Das heißt christlich gedeutet: Er hätte sich in den Schatten des Kreuzes stellen können.

Wenn wir auf den Verstorbenen schauen, dürfen wir uns zunächst noch einmal an all das Gute erinnern, das er uns im Licht der Sonne geschenkt hat *(Genaueres!)*. Wir danken ihm dafür. Unter den Schatten auf seiner Seele braucht er nicht zusammenzubrechen, da beten und bitten wir darum, dass er sich jetzt in den Schatten des Kreuzes stellt und dann am Ende des irdischen Tunnels den leuchtenden Schatten entdeckt, der uns – wie es in der Lesung heißt – aus der Finsternis ins Licht bringt.

Weitere Möglichkeiten

1. Ansprache mit mehreren Symbolen

Lesungen

Röm 8,14–18: Wir sind Miterben Christi.
Joh 6, 37.39–40: Die an den Sohn glauben, werden das ewige Leben haben.

Sie können das Leben eines Verstorbenen auch in mehreren Symbolen einfangen, zum Beispiel:

1. Eine Baumscheibe: Auf das Alter eingehen, auf den Lebensweg und wie sich Jahresring um Jahresring um die »Mitte« legte.
2. Eine Rose, die zeigt, welcher Duft von ihm ausging.
3. Ein Stern: Wenn er verlöscht, leuchtet er für uns noch sehr lange, das heißt: Wir werden ihn nicht so schnell vergessen. Mit den Augen des Glaubens gesehen, erlischt nichts Gutes, das in die Welt gestrahlt wird.

   Alternativ: Eine Kerze, die angezündet wird: Wir danken für die Leuchtkraft, die von ihm ausging.

Es kann auch ein Gegenstand sein, der für den Verstorbenen sehr wichtig war: Ein Pokal als Schütze usw. Darum darf man beim Trauergespräch in der Wohnung der Angehörigen ruhig die Augen schweifen lassen oder fragen. Jedenfalls ist mein Bestreben, so zu predigen, dass die Zuhörer/innen darin den Verstorbenen wiedererkennen.

2. Der Mensch blüht wie die Blume des Feldes

Symbol/Vorbereitung
Löwenzahn – Pusteblume.

Hinweis
Besonders geeignet für Menschen aus der Landwirtschaft.

Lesungen
Ps 103,8.11–17: Fährt der Wind über die Blume des Feldes (= der Mensch), ist sie dahin.
> Im Buch der Psalmen heißt es:
> Der Herr ist barmherzig und gnädig,
> langmütig und reich an Güte.
> Denn so hoch der Himmel über der Erde ist,
> so hoch ist seine Huld über denen, die ihn fürchten.
> So weit der Aufgang entfernt ist vom Untergang,
> so weit entfernt er die Schuld von uns.
> Wie ein Vater sich seiner Kinder erbarmt,
> so erbarmt sich der Herr über alle, die ihn fürchten.
> Denn er weiß, was wir für Gebilde sind;
> er denkt daran: Wir sind nur Staub.
> Des Menschen Tage sind wie Gras,
> er blüht wie die Blume des Feldes.
> Fährt der Wind darüber, ist sie dahin;
> der Ort, wo sie stand, weiß von ihr nichts mehr.
> Doch die Huld des Herrn währt immer und ewig
> für alle, die ihn fürchten und ehren;
> sein Heil erfahren noch Kinder und Enkel.

Joh 14,1–2: Ich gehe, um einen Platz für euch vorzubereiten.

Ansprache

Sie haben, liebe Trauernde, neben die Traueranzeige das Symbol einer Pusteblume gesetzt. Sie kann daran erinnern – wie wir das im Beerdigungspsalm beten und eben gehört haben: »Des Menschen Tage sind wie Gras, er blüht wie die Blume des Feldes. Fährt der Wind darüber, ist sie dahin, der Ort, wo sie stand, weiß von ihr nichts mehr« (Ps 103,15f).

Vielleicht hat Sie der Löwenzahn bei Ihrer Arbeit schon oft geärgert, weil er sich überall sein Terrain erobert und zäh verteidigt. Aber an dieser Blume haben Sie ein Leben lang das Geheimnis des Lebens vor Augen, und es ist leicht aufzuzeigen, wie »die Huld des Herrn immer und ewig dauert« – so fährt der Psalm ja fort.

In einem Lied heißt es: »Niemals geht man so ganz, irgendwas von mir bleibt hier, es hat seinen Platz immer bei dir.« Wie die kleinen Fallschirme der Pusteblume überall hinfliegen, so können auch die guten Seiten des Verstorbenen Sie überallhin begleiten und Wurzeln schlagen *(hier einiges aufzählen)*. Das sind die Samenkörner für die Generationen von morgen.

Aber dass der Verstorbene nur so in unserer Erinnerung fortbesteht, wäre zu wenig. Als Glaubende erhoffen wir ja die Auferstehung. Darum schauen wir genauer auf diese Blume: Zuerst blüht sie in prallem Gelb wie eine goldene Sonne. Aber dann, wenn sie verblüht ist und alles zu Ende scheint, setzt ein wunderbarer Verwandlungsprozess ein, den niemand erwarten würde, wenn wir ihn nicht tausendmal beobachten könnten: An die Stelle der Blütenblätter treten kleine Fallschirme, die alle Kraft der Blume hundertfach forttragen.

Diesen Verwandlungsprozess erwarten wir auch im Tod: Die Seele bildet einen neuen Körper, der nicht mehr Raum und Zeit unterworfen ist, der aber alle Erfahrungen und Reifeprozesse mit sich nimmt. Dieser neue Mensch schwebt sozusagen ohne Erdhaftung in seiner Existenz, ganz erfüllt von der Sonne, der Liebe Gottes, die er jetzt erfahren darf. In ihm haben wir einen Freund auf der anderen Seite des Lebens, der, wenn Gott alle Schuld von ihm abgewaschen hat, »über die Luftbrücke Gottes« auch für uns bitten kann – wie wir jetzt für ihn.

Wenn sich einmal für uns nach der kräftigen Farbe unserer Haare das blasse Weiß auf unserem Kopf zeigt und wir doch dabei die besondere Liebe der Enkel erfahren dürfen, dann erinnern Sie sich an die Pusteblume und ihren wunderbaren Verwandlungsprozess, um dankbar auch in den alten Tagen der großen Verwandlung im Tod entgegenzusehen.

Anhang

1. Einleitungen für Trauergottesdienste

1.

Menschen, die aus der Hoffnung leben, sehen weiter als bis zum Tod.
Menschen, die aus der Liebe leben, sehen tiefer als bis zur Trennung.
Menschen, die aus dem Glauben leben, sehen alles im Glanz des ewigen Lichtes.

FREI NACH LOTHAR ZENETTI

2.

Unsere Welt Durchgangsstation:
Menschen kommen und gehen.
– Herr, erbarme dich!
Unsere Welt Bewährungszeit:
Schmerz und Hoffnung, Heimat und Fremde, Versagen und Liebe.
– Christus, erbarme dich!
Unsere Welt Betätigungsfeld:
Zu viel Gewalt – zu wenig Vertrauen,
ein wenig Friede – zu viel Hunger nach Liebe.
– Herr, erbarme dich!

3.

Was wir bergen in den Särgen, ist der Erde Kleid.
Was wir lieben, ist geblieben, bleibt in Ewigkeit.

4.

Ich glaube an die Sonne, auch wenn sie nicht scheint.
Ich glaube an die Liebe, auch wenn ich sie nicht spüre.
Ich glaube an Gott, auch wenn ich ihn nicht sehe.
Ich glaube – seit der Auferstehung Christi – daran,
dass es keine Toten gibt:
Es gibt nur Lebende – hier und in der anderen Welt,
die *wir* erst sehen, wenn *unsere* Augen gebrochen sind.

5.

Greifen und festhalten können wir seit der Geburt.
Teilen und schenken mussten wir lernen.
Jetzt müssen wir das Loslassen üben.
KYRILLA SPIECKER

6.

Auf die Frage des Spiegel
von Emnid ermittelt
ob es ein Leben
nach dem Tode gibt
sind von hundert Befragten
achtundvierzig dafür und
achtundvierzig dagegen.

Und wer entscheidet?
LOTHAR ZENETTI

Es ist richtig: Es gibt Menschen, die nicht mehr an die Sonne glauben können, wenn es einmal Nacht wird. Vielleicht fehlt ihnen die Geduld zu warten, bis der Morgen kommt.
NACH PHIL BOSMANS

7.

Der Schweizer Dichter Max Frisch begann seine Trauerrede für einen verstorbenen Freund mit dem Satz: »Unser Freundeskreis unter den Toten wird größer …
Inzwischen hat der Verstorbene eine Erfahrung gemacht, die mir erst noch bevorsteht und die sich nicht vermitteln lässt – es geschehe denn durch eine Erfahrung im Glauben.«
Wir sind hier, um auch darüber nachzudenken …

8.

Die Zeit, Gott zu suchen, ist unser Leben.
Die Zeit, Gott zu finden, ist der Tod.
Die Zeit, Gott zu besitzen, ist die Ewigkeit.

FRANZ VON SALES

9.

Auf einem Grabstein in der Normandie (Abt zu Mondaye) steht:
Wanderer, der du das liest, wisse:
Der hier liegt, hat nicht aufgehört zu leben, sondern aufgehört zu sterben.

10.

Im Roman »Herbstmilch« sagt die ca. 8-jährige Anna beim Anblick der toten Mutter: »Warum hat die Mama Schuhe an?« Und die Tante gibt die Antwort: »Sie muss über Dornen zum Himmel gehen.«

11.

Menschen, die man liebt, sind wie Sterne:
Sie können funkeln und leuchten noch lange nach ihrem Erlöschen. –
Glaubende Menschen dürfen sogar an mehr denken. Sie können sagen:
Sie sind uns nur vorausgegangen in das Licht der ewigen Sonne.

12.

Mitten im Leben sind wir vom Tod umfangen.
Wer ist's, der uns Hilfe bringt, dass wir Gnad erlangen?
Dazu reicht auch die Kunst der Ärzte nicht.
Das kannst du, Herr, alleine!
Darum, barmherziger Heiland:
Lass uns nicht versinken in des bittern Todes Not! –
Herr, erbarme dich! …

13.
Sind wir nicht unterwegs mit Heimweh im Gepäck?
Wohin denn sollten wir gehen, wenn nicht nach Hause zurück!?
NACH ANNE STEINWART

14.
Auferstehung ist unser Glaube.
Wiedersehen unsere Hoffnung.
Gedenken unsere Liebe.
BÄRBEL HARTLIEF

15.
Es gibt nichts, was uns die Abwesenheit eines lieben Menschen ersetzen kann, und man soll das auch gar nicht versuchen; man muss es einfach aushalten und durchhalten. Das klingt zunächst sehr hart, aber es ist doch zugleich ein großer Trost; denn indem die Lücke wirklich unausgefüllt bleibt, bleibt man durch sie miteinander verbunden. Es ist verkehrt, wenn man sagt: Gott füllt die Lücke aus. Er füllt sie gar nicht aus, sondern er hält sie vielmehr gerade unausgefüllt. So hilft er uns, unsere echte Gemeinschaft miteinander – wenn auch unter Schmerzen – zu bewahren.
DIETRICH BONHOEFFER

16.
Sterben heißt: Gott nimmt mich von einer Hand in die andere.
ULRICH FISCHER, EV. BISCHOF V. BADEN

17.
Unser Leben ist, aufs Ganze gesehen, unendlich verkürzt, weil viele den Glauben an ein Leben nach dem Tod verloren haben.
(Laut Umfragen halten ca. 40 % der Menschen die Auferstehung der Toten für ein reines Wunschdenken.)
ARTHUR E. IMHOF

18.

Im Lied »Der Mond ist aufgegangen« von Matthias Claudius heißt es:
»Seht ihr den Mond dort stehen?
Er ist nur halb zu sehen und ist doch rund und schön:
So sind wohl manche Sachen, die wir getrost belachen,
weil unsere Augen sie nicht seh'n.«
So lachen auch welche, wenn wir jetzt von Auferstehung sprechen. Aber für Glaubende sind die Verstorbenen doch nur am Ende des Weges.

19.

Ist es so, wie Reinhard Mey es einmal besingt?:
»Allein, wir sind allein.
Wir kommen und wir gehen ganz allein.
Wir mögen noch so sehr geliebt, von Zuneigung umgeben sein:
Die Kreuzwege des Lebens gehen wir immer ganz allein.«
Der glaubende Mensch sieht tiefer: Wir sind nie allein! Einer geht mit in guten und in bösen Tagen. Ihm vertrauen wir uns jetzt an.

20.

Wieso weinen Sterbende nie?

21.

Freude und Trauer sind Schwestern. Sie wohnen im selben Haus.
Mitten in der Trauer ist auch noch Platz für die Freude.
MACRINA WIEDERKEHR

Das zu verstehen gelingt aber nur dem, der über den Horizont dieser Welt hinausschaut ...

22.

Auf einer Sonnenuhr steht:
Der Zeiger geht mit leisem Tritt,
kein Bitten hemmet seinen Schritt.
Wann macht er wohl den letzten Gang? –
Bestell dein Haus und frag nicht lang!

23.

Gott ruft immer ins Leben:
Ob wir geboren werden
oder ob wir sterben.

24.

Gott setzt vor die Nullen unserer Angst und unseres Todes
die große Eins seiner Gegenwart und die der Auferstehung.

NACH PETER HAHNE

2. Hilfreiche Texte für Trauergottesdienst und Predigt

1.

Aus einem Roman: Der Sohn zum Pfarrer: »Wir wissen beide, dass meine Mutter keine fromme Kirchgängerin war. Sie war nicht einmal sehr religiös. Sie konnte nie recht an die Auferstehung und ein Leben nach dem Tod glauben. Ich bin nicht einmal sicher, dass sie an Gott glaubte.« Die Antwort des Pfarrers: »Ich würde mir nicht allzu viele Sorgen darüber machen. Vielleicht hat sie nicht an Gott geglaubt, aber ich bin ziemlich sicher, dass Gott *an sie* geglaubt hat!«

2.

Sie kennen vielleicht den Film »E.T.«
Zum Abschied sagt E.T.: »Ich werde immer bei dir sein.« (Ungefähr die letzten Worte Jesu!)
»Die Fahrräder hoben ab in den Himmel.« (In der Liebe wird Unmögliches wahr!)
Bei der Liebeserklärung (»Ich liebe dich!«) wurde E.T. wieder lebendig. Da lebten Blumen wieder auf; das Innere von E.T. leuchtete auf, was sagen will: Die Liebe ist stärker als der Tod! (Die Ärzte konnten ihn mit all ihren Künsten nicht retten.)

3.

Unser Leben ist wie eine Vorschule auf das spätere Leben bei Gott. Vorschule, das heißt: Vorübung. Wir lernen immer ein bisschen mehr dazu, bis wir es bei Gott richtig wissen.

4.

Das Leben gleicht einem Buche:
Toren durchblättern es flüchtig;
der Weise liest es mit Bedacht –,
weil er weiß, dass er es nur einmal lesen kann!

5.

Es gibt den traurigen Irrtum vieler Menschen, zu glauben, dass diejenigen, die der Tod wegnimmt, uns verlassen. Aber sie bleiben – wo? Im Schatten? Nein, *wir* leben im Schatten. Sie hingegen sind neben uns an unserer Seite, wie unter einem Tarnschleier; gegenwärtiger denn je. Wir sehen sie nicht, weil die dunkle Wolke uns einhüllt. Sie aber sehen uns. Sie richten ihre Augen voller Glanz auf unsere Augen voller Tränen.

Für Gläubige ein unaussprechlicher Trost: Die Verstorbenen sind uns unsichtbar nahe – nicht abwesend.

WURDE VON EINER ANGEHÖRIGEN ZUM VORLESEN BEI DER BEERDIGUNG ÜBERGEBEN

6.

Je schöner und voller die Erinnerung, desto schwerer ist die Trennung. Aber die Dankbarkeit verwandelt die Qual der Erinnerung in eine stille Freude. Man trägt das vergangene Schöne nicht wie einen Stachel, sondern wie ein kostbares Geschenk in sich. Man muss sich hüten, in den Erinnerungen zu wühlen, sich ihnen auszuliefern – wie man auch ein kostbares Geschenk nicht immerfort betrachtet, sondern nur zu besonderen Stunden – und es sonst nur wie einen verborgenen Schatz besitzt, dessen man sich gewiss ist. Dann geht eine dauernde Freude und Kraft von dem Vergangenen aus.

DIETRICH BONHOEFFER

7.

Tod ist überhaupt nichts.
Ich bin nur in den nächsten Raum geschlüpft …
Was immer wir füreinander waren, wir sind es noch.
Rufe mich bei meinem altvertrauten Namen.
Sprich zu mir in der einfachen Weise, wie du es immer tatest.
Mache keinen Unterschied in deinem Ton,
setze keine gezwungene Feierlichkeit oder Trauer auf.
Lache, wie wir immer über die kleinen Späße lachten, die uns gefielen.
Spiele, lächle, denke an mich, bete für mich!

Lass meinen Namen immer das Wort sein, das es immer war!
Lass ihn ohne Effekt gesprochen werden,
ohne die Spur eines Schattens auf ihm …!
Warum sollte ich aus dem Sinn sein,
nur weil ich aus den Augen bin?
Ich warte für eine Weile auf dich,
irgendwo sehr nahe – grad um die Ecke.
Alles ist gut.

HENRY SCOTT HOLLAND, 1847–1918

8.

Ich bin in das Zimmer nebenan gegangen.
Das, was ich für euch war, bin ich immer noch.
Gebt mir den Namen, den ihr mir gegeben habt.
Sprecht mit mir, wie ihr es immer getan habt.
Gebraucht nie eine andere Redeweise,
seid nicht feierlich oder traurig.
Lacht weiter über das, worüber wir gemeinsam gelacht haben!
Betet, lacht, denkt an mich!
Warum soll ich nicht mehr in euren Gedanken sein,
nur weil ich nicht mehr in eurem Blickfeld bin?
Ich bin nicht weit weg.
Ich bin nur auf der anderen Seite des Weges.

CHARLES PÉGUY

9.

Gedanken zu pflegenden Angehörigen:
Die Kranken werden besucht und bedauert. Für sie wird gebetet. Und zu Recht. Doch wer hat ein Wort der Ermutigung für die Schwiegertochter, die seit Jahren schon die verwirrte Oma zu Hause pflegt? Füttern und baden und trockenlegen rund um die Uhr!
Wer fragt nach der Mutter eines psychotischen Sohnes, die hilflos und ohnmächtig zuschauen muss, wie der nächste Schub sich ankündigt?

Wer schenkt der Frau eines krebskranken Mannes einen freien Nachmittag, dass sie mal rauskommt und andere Tapeten sieht?
Wer bringt der sechzigjährigen Tochter einen Blumenstrauß, die auf Ehe und Beruf und Kontakte verzichtet hat, um die jüngeren Geschwister großzuziehen und jetzt die alte Mutter zu pflegen …?
Sie tun ihren Dienst selbstverständlich und gern. Jedenfalls zu Anfang. Aber wenn daraus Monate und Jahre werden, das zehrt an den Kräften. Da kann Liebe leicht umschlagen in Hass. Nicht jeder Kranke ist pflegeleicht. Und die Schwester von der Sozialstation kommt nur für eine halbe Stunde. Der »Lohn im Himmel« ist gut und schön. Doch es gibt auch ein Leben »vor dem Tod«.
Auch pflegende Angehörige haben Menschenrechte.

10.

Wenn wir gewusst hätten,
wie sehr du uns fehlen würdest,
hätten wir dir noch öfter gesagt, wie sehr wir dich brauchen.
Wenn wir geahnt hätten, wie traurig wir sein würden,
hätten wir noch mehr zusammen gelacht.

Wenn uns jemand gesagt hätte,
wie viele Fragen offen bleiben würden,
hätten wir noch mehr von uns erzählt.

Wenn uns klar gewesen wäre,
wie kurz du mit uns zusammen sein würdest,
hätten wir die Zeit noch besser genutzt.
Jetzt überlassen wir dich den Händen Gottes
und wissen dich uns weiter ganz nahe.
Und vielleicht lernen wir für die Zukunft?!

11.

Die Sängerin Nena, die durch ihre »99 Luftballons« (1983) bekannt wurde, hat selbst eines ihrer vier Kinder verloren. Mit ihrem Lied »Wunder geschehn« (1989) hat sie ein Signal gesetzt, das Eltern in ihrer Not helfen kann, den Weg der Hoffnung zu beschreiten bzw. weiterzugehen, auch wenn mit dem Tod des eigenen Kindes alle Hoffnung aus dem eigenen Leben zu schwinden droht.

Nena singt: »Wunder geschehn, ich hab's gesehn. Es gibt so vieles, was wir nicht verstehn … Wir dürfen nicht nur an das glauben, was wir sehn. / … Komm, steh *selbst* wieder auf. / Was auch passiert, ich bleibe hier. *Ich geh den ganzen langen Weg mit dir.* Was auch passiert, Wunder geschehn, Wunder geschehn …«

NACH PASTORALBLATT 2/99

12.

Vierunddreißig Jahre hat sie bekommen –
der Mann im Nachbarhaus, gelähmt, zweiundachtzig.
Er betet seit Jahren um seinen Tod.
Vierunddreißig Jahre im Ganzen für sie,
davon zwölf mit mir,
davon zehn mit den Kindern,
davon zwei mit dem Tod.

Keine Faser, die nicht ihre Nähe beschwört.
Ins Gedächtnis geätzt ihr verzweifelter, ihr sich entfernender Blick;
ihr Kuss für die ratlosen Kinder.

Dein Maßstab tötet mich fast.

Ich weiß nicht, warum du »Vater« heißt.
Ob dein Himmel ihre Liebe birgt, wenn meine Kinder fragen?
Ich weiß nicht, warum ich bitten soll: »Gib ihr die ewige Ruhe!«
Sie wollte mit uns noch vieles er-leben.

Ich weiß nicht, ob ihre Hände, in meine vergraben,
zuletzt deinen Willen erfassten.
Ich weiß nicht, warum ich plötzlich an Ostern denke.

Der da auferstand, war 33.

QUELLE UNBEKANNT

13.

Der Schauspieler Ernst Ginsberg, gelähmt und im Angesichte des Todes mit sich und der Welt ringend, schrieb 1964 die folgenden Gebetsverse:
Ich falte die Hände,
die lahmen / im Geist /
und bete ins Dunkel /
dass es / zerreißt.

14.

Der Schriftsteller Julien Green († 2000) stellt in seinem Tagebuch u.a. diese zwei Fragen:
»Wer bin ich?«
»Was bleibt mir von meinem Leben?«
Seine Antwort lautet: »Nichts. Gar nichts! Also muss ich Gott bitten, dass er aus diesem Nichts etwas macht. Dass sein Erbarmen die drückende Last der Sünden (und Unterlassungen) von der Waage seiner Gerechtigkeit nehme.«

AUS »DIE ANREGUNG« 4/95, S. 156

15.

Wir nehmen Abschied mit irischen Segenswünschen:
Mögen sich jetzt die Orte der Dunkelheit
in Stätten des Lichts verwandeln.
Möge dein Engel dich in die jenseitige Welt geleiten
und dich keine Umwege führen müssen.
Mögen alle, die auf dem Weg zum Himmel vorausgegangen sind,
dir jetzt gute Wegweiser sein.
Wenn deine Schuhe auf dem letzten Weg löchrig werden,
denke daran, dass man auch barfuß ins Paradies gelangen kann.
Möge dir Gott freundlich entgegenkommen,
wenn du den schwarzen Fluss des Todes überquert hast.
Möge der Weg dich stets aufwärts führen,
bis du ins helle Licht des liebenden Gottes eintauchen darfst.

3. Spruchweisheiten für Anzeigen oder Totenzettel

a) Aus der Heiligen Schrift

1.

Ich bin die Auferstehung und das Leben.
Wer an mich glaubt, wird leben,
auch wenn er stirbt.

JOHANNESEVANGELIUM 11,25

2.

Es ist der Wille meines Vaters, dass alle, die an den Sohn glauben, das ewige Leben haben und dass ich sie auferwecke am Letzten Tag.

JOHANNESEVANGELIUM 6,40

3.

Ich lebe – und auch ihr werdet leben.

NACH JOHANNESEVANGELIUM 14,19

4.

Ich bin das Licht, das in die Welt gekommen ist,
damit jeder, der an mich glaubt,
nicht in der Finsternis bleibt.

JOHANNESEVANGELIUM 12,46

5.

Selig, wer zum Hochzeitsmahl des Lammes geladen ist.

OFFENBARUNG 19,9B

6.

Sei treu bis in den Tod;
dann werde ich dir den Kranz des Lebens geben.

OFFENBARUNG 2,10C

7.

Denn wenn das Herz uns auch verurteilt –
Gott ist größer als unser Herz,
und er weiß alles.

1. JOHANNESBRIEF 3,20

8.

Für mich ist Christus das Leben und Sterben Gewinn.

PHILIPPERBRIEF 1,21

9.

Keiner von uns lebt sich selber,
keiner stirbt sich selber.
Ob wir leben oder ob wir sterben, wir gehören dem Herrn.

RÖMERBRIEF 14,7F

10.

In deine Hände lege ich voll Vertrauen meinen Geist;
du hast mich erlöst, Herr, du treuer Gott.

PSALM 31,6

11.

Selig die Trauernden, denn sie werden getröstet werden.

MATTHÄUSEVANGELIUM 5,4

12.

Wir wissen, dass Gott bei denen, die ihn lieben,
alles zum Guten führt.

RÖMERBRIEF 8,28A

13.

Wer den Willen Gottes tut, bleibt in Ewigkeit.

1. JOHANNESBRIEF 2,17B

14.

Fürchte dich nicht, denn ich habe dich ausgelöst,
ich habe dich bei deinem Namen gerufen, du gehörst mir.
JESAJA 43,1B

15.

Es kommt der Tag, da bleibt stehen das Mühlrad,
da verstummen die Vögel,
da bricht die goldene Schale,
da fällt das Rad zerbrochen in die Grube.
Der Mensch aber geht zurück zu Gott,
der ihm Atem gegeben.
Er kehrt heim in sein ewiges Haus.
NACH KOHELET 12,4-7

16.

Der Herr ist mein Licht und mein Heil:
Vor wem soll ich mich fürchten?
PSALM 27,1A

b) Aus einem christlich geprägten Umfeld

17.

Christus ist das Leben.
Darum ist in seinem Reich kein Platz für den Tod.
THOMAS VON AQUIN

18.

Gott ist nicht gekommen, das Leid zu beseitigen;
er ist nicht gekommen, es zu erklären;
sondern er ist gekommen, es mit seiner Gegenwart zu erfüllen.
PAUL CLAUDEL

19.

Ich komme, weiß wohl, woher.
Ich geh, weiß wohl, wohin.
Mich wundert, dass ich traurig bin.

MARTIN LUTHER

20.

Das Auge sieht nur den Sand,
das Herz das Ende der Wüste.

ARABISCHES SPRICHWORT

21.

Spiel dein Spiel und wehr dich nicht,
lass es still geschehen!
Lass vom Winde, der dich bricht,
dich nach Hause wehen!

HERMANN HESSE

22.

Das einzig Wichtige im Leben sind die Spuren der Liebe,
die wir hinterlassen, wenn wir weggehen.

ALBERT SCHWEITZER

23.

Erinnerungen sind kleine Sterne,
die tröstend in das Dunkel unserer Trauer leuchten.

Wenn du bei Nacht den Himmel anschaust,
wird es dir sein, als lachten alle Sterne,
weil ich auf einem von ihnen wohne,
weil ich auf einem von ihnen lache.
Du allein wirst Sterne haben, die lachen können!
Und er lachte wieder.

ANTOINE DE SAINT-EXUPÉRY

24.

Unsere Toten gehören zu den Unsichtbaren,
nicht zu den Abwesenden.

PAPST JOHANNES XXIII.

25.

Die Blätter fallen, fallen wie von weit,
als welkten in den Himmeln ferne Gärten;
sie fallen mit verneinender Gebärde.
Und in den Nächten fällt die schwere Erde
aus allen Sternen in die Einsamkeit.
Wir alle fallen. Diese Hand da fällt.
Und sieh dir andre an: es ist in allen.
Und doch ist Einer, welcher dieses Fallen
unendlich sanft in seinen Händen hält.

RAINER MARIA RILKE

26.

Du musst durch die Nacht wandern,
wenn du die Morgenröte sehen willst.

KHALIL GIBRAN

27.

Diese Welt ist nur eine Brücke.
Gehe darüber,
aber baue nicht dein Haus darauf.

AUS INDIEN

28.

Der Glaube ist der Vogel, der singt,
wenn die Nacht noch dunkel ist.

AUS CHINA

29.

Was bedeutet mir der Schiffbruch,
wenn Gott der Ozean ist?

JEAN-BAPTISTE-HENRI LACORDAIRE

30.

Mit dir, Herr, ist das Sterben kein dunkles Tor.
Das Tor steht offen. Der Durchgang führt ins Licht.
In der Stadt der goldenen Gassen werde ich zu Hause sein.
Und aus dem Brunnen des Lebens will ich deine Gnade schöpfen.

NACH FRIEDRICH HAARHAUS

31.

Herr, lass mich dein Ritter sein:
Ich will den Gurt der Wahrheit tragen;
die Stiefel der guten Nachricht,
den Harnisch der Gerechtigkeit und Barmherzigkeit;
den Helm des Vertrauens auf das ewige Leben;
den Schild des Glaubens an Gott;
das Schwert des Wortes des Heiligen Geistes.

TIM BÜSCHER, MIT 27 JAHREN GESTORBEN

32.

Sterben ist kein ewiges Getrennt-Werden.
Es gibt ein Wiedersehen an einem helleren Tag.

KARDINAL FAULHABER

33.

Wir werden eines Tages wissen,
dass der Tod uns nie rauben kann,
was unsere Seele gewonnen hat;
denn ihr Gewinn ist eins mit ihr selbst.

TAGORE

34.

Unruhig ist unser Herz, bis es ruht in dir, o Gott.
AUGUSTINUS

35.

Das Geheimnis der Liebe ist größer
als das Geheimnis des Todes.
SR. MARCELLA

36.

Der Tod ist nie das Ende der Reise,
sondern stets Aufbruch ins Licht.

37.

Einmal wandelt sich alles Dunkle ins Licht,
alle Trauer in Freude,
alles Leid in Seligkeit,
alle Zeit in Ewigkeit.

38.

Von guten Mächten wunderbar geborgen,
erwarten wir getrost, was kommen mag.
Gott ist mit uns am Abend und am Morgen
und ganz gewiss an jedem neuen Tag.
DIETRICH BONHOEFFER

39.

Unsere Toten sind nicht abwesend, sondern nur unsichtbar;
sie schauen mit ihren Augen voller Licht
in unsere Augen voller Trauer.
AUGUSTINUS

40.

Unsere Toten leben in der Grenzenlosigkeit Gottes.
Durch ihr Schweigen sind sie uns näher
als durch laute Worte der Liebe.
Wir leben ein sterbendes Leben –
sie das ewige Leben, das keinen Tod kennt.

KARL RAHNER

41.

Ich bin überzeugt von einem Weiterleben nach dem Tode.
Da in der Welt keine Materie verloren geht,
muss die Seele als Beherrscherin der Materie unsterblich sein.

WERNHER VON BRAUN

42.

Wesentlich komplexer ausgedrückt stand Folgendes in einer Todesanzeige:
Energien bleiben erhalten; nur ihre Formen sind wandelbar.
Das Nichts hat keine Eigenschaften und kann daher nichts begründen.
Neue Eigenschaften setzen bestehende voraus.
Die Eigenschaft Werden setzt eine erste Eigenschaft des ewigen Seins voraus, denn Werden kann nur aus einer nicht gewordenen Eigenschaft entstanden sein. Nur Sein als Urgrund allen Werdens verfügt über die Eigenschaft Ewig.
Sein und Werden oder Schöpfer und Schöpfung sind – durch uns nicht teilbar – miteinander verbundene Bezugssysteme. So bin ich geworden und vertraue auf das Ewige in uns, denn die erste Ursache kann nicht Lüge sein. Mit den ersten Schöpfungsatomen wurde nur Wahrheit geboren. Wahrhaftigkeit, Selbstlosigkeit und Unsterblichkeit sind erkennbare relativistische Eigenschaften der ersten Ursache. Eine zeitlose Definition der Menschenrechte sollte wissenschaftlich nicht tabuisiert bleiben. Evolution im Werden aus Sein beruht auf Wahrheit.
Evolution in Wahrhaftigkeit wird ewiges Sein.

HERMANN BÖSEHANS

43.

Der Tod kann dem Leben Grenzen setzen,
aber niemals der Liebe.
IRMGARD ECATH

44.

Glauben heißt nichts anderes
als die Unbegreiflichkeit Gottes aushalten.

45.

Sich für das Licht der Auferstehung entscheiden heißt:
Dem Dunkel, der Angst und dem Zweifel Grenzen setzen.
JOHANNES RIED

46.

Unser Herz wollte dich halten,
unsere Liebe dich umfangen.
Aber unser Verstand muss dich gehen lassen;
denn deine Kraft war zu Ende.
Deine Erlösung war Gnade.
Der Tod ist nur die uns zugewandte Seite jenes Ganzen,
dessen andere Seite Auferstehung heißt.
ROMANO GUARDINI

47.

Halte das Kreuz fest, dann hält das Kreuz dich fest.
KYRILLA SPIECKER

48.

Wir wollen nicht hoffnungslos trauern darüber,
dass wir ihn verloren haben,
sondern dankbar dafür sein,
dass wir ihn gehabt haben.
HIERONYMUS

49.

Lass mich sterben, mein Gott, dass ich lebe.

AUGUSTINUS

50.

Nicht der Tod wird mich holen,
sondern der gute Gott.

THERESIA V. KINDE JESU

51.

Deinen Gläubigen, o Herr, wird das Leben gewandelt,
nicht genommen.

AUS DER PRÄFATION FÜR VERSTORBENE

52.

Wir sind nur Gast auf Erden.

»GOTTESLOB« 656

53.

Gegeben hast du uns ihn. Und er war unser Glück, o Gott.
Genommen hast du uns ihn und wir gaben ihn zurück.
Aber unser Herz ist voll Wehmut.

54.

Nicht verloren, nur vorangegangen.

MICHELANGELO

4. Totenwache

. . . .

(Als Vorlage für den Einsatz in der Kirche verwendbar)

Abkürzungen: GL = Katholisches Gebet- und Gesangbuch, Tr = Liederbuch »Troubadour für Gott«, Kolping-Bildungswerk, Sedanstraße 25, D-97082 Würzburg, Spr. = Sprecher oder Sprecherin.

a) Allgemein

Hinweis
Nur wenn genügend Personen teilnehmen, können auch Lieder gesungen werden.

Lied zu Beginn
Wir sind nur Gast auf Erden, 1–3 (GL 656)

Begrüßung
Im Namen des Vaters und des Sohnes und des Heiligen Geistes. Amen.
In dieser Stunde haben wir uns versammelt, um unserer Trauer Ausdruck zu verleihen. Wir möchten dabei für die/den Verstorbene/n beten und sie/ihn Gottes Barmherzigkeit anvertrauen.

I. Auferstanden
Wir dürfen über den Horizont dieser Welt hinausblicken, weil Jesus Christus durch Kreuz und Auferstehung die Türen für unser eigentliches Leben in Gottes Herrlichkeit geöffnet hat.
Ein Dichter unserer Tage hat es in seinem »Lied zur Beerdigung« so ausgedrückt:

1. Spr.:   Weder Tod noch Leben trennen uns von Gottes Liebe,
           die in Jesus Christus ist

2. Spr.: Wenn ich gestorben bin
und verloren
wird man mich senken
in deine Erde

1. Spr.: Wenn ich verloren bin
und verlassen
wirst du mich halten
in deinen Händen

2. Spr.: Weder Tod noch Leben trennen uns von Gottes Liebe,
die in Jesus Christus ist

1. Spr.: Wenn ich verlassen bin
und vergessen
wirst du mich nennen
bei meinem Namen

2. Spr.: Wenn ich vergessen bin
und vergangen
wirst du mich bergen
in deiner Treue

1. Spr.: Weder Tod noch Leben trennen uns von Gottes Liebe,
die in Jesus Christus ist

LOTHAR ZENETTI

In der Bibel stehen dazu deutliche Sätze – schon aus der Zeit vor Jesus Christus. Wir hören aus dem Buch der Weisheit:

Die Seelen der Gerechten sind in Gottes Hand; und keine Qual kann sie berühren. In den Augen der Toren sind sie gestorben. Ihr Heimgang gilt als Unglück. Ihr Scheiden von uns als Vernichtung; aber sie sind im Frieden. In den Augen der Menschen wurden sie gestraft; doch ihre Hoffnung ist voll Unsterblichkeit. Ein wenig nur werden sie gezüchtigt; doch sie empfangen große Wohltat. Denn Gott hat sie geprüft und fand sie seiner würdig. Wie Gold im Schmelzofen hat er sie erprobt und sie angenommen als vollgültiges Opfer. Alle, die auf ihn vertrauen, werden die Wahrheit erkennen. Und die Treuen werden bei ihm bleiben in Liebe. (Weish 3,1–6.9a)

Deutlicher steht es bei Paulus im Römerbrief:
Christus Jesus, der gestorben ist, mehr noch: der auferweckt wurde, sitzt zur Rechten Gottes und tritt für uns ein. Was kann uns scheiden von der Liebe Christi? Bedrängnis oder Not oder Verfolgung, Hunger oder Kälte, Gefahr oder Schwert? All das überwinden wir durch den, der uns geliebt hat. Denn ich bin gewiss: Weder Tod noch Leben, weder Engel noch Mächte, weder Gegenwärtiges noch Zukünftiges, weder Gewalten der Höhe oder Tiefe noch irgendeine andere Kreatur können uns scheiden von der Liebe Gottes, die in Christus Jesus ist, unserem Herrn. (Röm 8,34–35.36–39)

Oder:
Wisst ihr nicht, dass wir alle, die wir auf Christus Jesus getauft wurden, auf seinen Tod getauft worden sind? Wir wurden mit ihm begraben durch die Taufe auf den Tod, und wie Christus durch die Herrlichkeit des Vaters von den Toten auferweckt wurde, so sollen auch wir als neue Menschen leben. Sind wir nun mit Christus gestorben, so glauben wir, dass wir auch mit ihm leben werden. (Röm 6,3–4.8)

Rosenkranzgebet
Wir beten ein *Gesätz* vom Rosenkranz *mit dem Zusatz:* »… *Jesus, der von den Toten auferstanden ist«.* Wir beten aber nur fünf Ave Maria:

Vater unser im Himmel,
geheiligt werde dein Name. Dein Reich komme.
Dein Wille geschehe, wie im Himmel so auf Erden.
Alle: Unser tägliches Brot gib uns heute.
Und vergib uns unsere Schuld,
wie auch wir vergeben unsern Schuldigern.

Und führe uns nicht in Versuchung,
sondern erlöse uns von dem Bösen. Amen.

(5-mal)
Gegrüßet seist du, Maria,
voll der Gnade, der Herr ist mit dir.
Du bist gebenedeit unter den Frauen,
und gebenedeit ist die Frucht deines Leibes, Jesus,
der von den Toten auferstanden ist.
Alle: Heilige Maria, Mutter Gottes, bitte für uns Sünder
jetzt und in der Stunde unseres Todes. Amen.

Abschluss
Ehre sei dem Vater und dem Sohn und dem Heiligen Geist,
Alle: wie im Anfang, so auch jetzt und alle Zeit und in Ewigkeit. Amen.

Lied
Christ ist erstanden (GL 213)

II. Trauer und Zweifel
Wir brauchen uns der Tränen und der Zweifel nicht zu schämen. Aber wir dürfen dabei auf das große Plus des Kreuzes schauen: Mit unserem Glauben fällt es leichter, unsere Gefühle richtig auszurichten, ohne sie zu verdrängen. Etwas davon können wir folgenden Gedanken entnehmen:

Hoffnung
Nein
ich bin meiner Sache nicht sicher
was das Ende betrifft
das Sterben das Grab das Vergehn
und den unaufhaltsamen Tod
der mich aufzehren wird
und austilgt für immer
daran ist kein Zweifel

Und doch bin ich manchmal nicht sicher
und zweifle am Augenschein
und denke nach
ob nicht doch etwas bleibt
von dem was ich war ob nicht doch
im grauen Geröll in dem Staub
in dem Tod eine Spur sich
unvergessen erhält
ob nicht doch einer ist
der mich ruft mit Namen vielleicht
der mir sagt dass ich bin
dass ich sein soll für immer
und leben werde mit ihm

Nein
ich bin meiner Sache nicht sicher
was das Ende betrifft und den Tod
gegen den Augenschein
hoff ich auf Ihn.
LOTHAR ZENETTI

Oder:

Immerhin
Es könnte doch sein, dass es das gibt,
sagt, was ihr wollt:

Ein Erbarmen, das mich hält;
das mich trägt von jeher.
Ein Erbarmen, in das ich mich
bergen kann jederzeit.

Sagt, was ihr wollt,
es könnte doch sein, dass es das gibt:

Dass einer da ist, der ja zu mir sagt,
der in mir atmet,

dessen Herz in mir schlägt,
der macht, dass ich bin.

Es könnte doch sein, dass es das gibt,
sagt, was ihr wollt.

LOTHAR ZENETTI

Die Bibel, das Buch der Bücher, sagt uns klar mit den Worten Jesu: Trauert nicht endlos. Denn einer wird sagen oder sagt – auch einmal zu uns: »Steh auf!« Da heißt es bei Lukas:

Jesus ging in eine Stadt namens Naïn; seine Jünger und eine große Menschenmenge folgten ihm. Als er in die Nähe des Stadttores kam, trug man gerade einen Toten heraus. Es war der einzige Sohn seiner Mutter, einer Witwe. Und viele Leute aus der Stadt begleiteten sie. Als der Herr die Frau sah, hatte er Mitleid mit ihr und sagte zu ihr: Weine nicht! Dann ging er zu der Bahre hin und fasste sie an. Die Träger blieben stehen, und er sprach: Ich befehle dir, junger Mann: Steh auf! Da richtete sich der Tote auf und begann zu sprechen, und Jesus gab ihn seiner Mutter zurück. Alle wurden von Furcht ergriffen; sie priesen Gott und sagten: Ein großer Prophet ist unter uns aufgetreten. Gott hat sich seines Volkes angenommen. (Lk 7,11–16)

Rosenkranzgebet

Weil Jesus uns in seinem Kreuzestod die Rätsel der Welt gelöst hat, wenn wir sie auch immer noch kaum durchschauen können, beten wir das *Gesätz* vom Rosenkranz: »*... Jesus, der für uns gekreuzigt worden ist*«:

Vater unser im Himmel,
geheiligt werde dein Name. Dein Reich komme.
Dein Wille geschehe, wie im Himmel so auf Erden.
Alle: Unser tägliches Brot gib uns heute.
Und vergib uns unsere Schuld,
wie auch wir vergeben unsern Schuldigern.
Und führe uns nicht in Versuchung,
sondern erlöse uns von dem Bösen. Amen.

(5-mal)
Gegrüßet seist du, Maria,
voll der Gnade, der Herr ist mit dir.
Du bist gebenedeit unter den Frauen,
und gebenedeit ist die Frucht deines Leibes, Jesus,
der für uns gekreuzigt worden ist.
Alle: Heilige Maria, Mutter Gottes, bitte für uns Sünder
jetzt und in der Stunde unseres Todes. Amen.

Abschluss
Ehre sei dem Vater und dem Sohn und dem Heiligen Geist,
Alle: wie im Anfang, so auch jetzt und alle Zeit und in Ewigkeit. Amen.

Lied
Von guten Mächten (Tr 717)

III. Gestärkt in die Zukunft gehen
Der Tod liegt auch noch vor uns. Diese Stunde der Trauer und des Gedenkens an die/den Tote/n ist auch für uns eine Chance, anders weiterzuleben.
Keiner kann etwas beweisen: weder, dass es mit dem Tod aus ist, noch, dass es nach dem Tod weitergeht. Aber wir dürfen positiv denken und uns an Jesus festhalten. So können wir beten:

1.Spr.: Ich möcht', dass einer mit mir geht;
        der's Leben kennt, der mich versteht;
        der mich zu allen Zeiten kann geleiten.
        Ich möcht', dass einer mit mir geht.

2. Spr.: Ich wart', dass einer mit mir geht;
        der auch im Schweren zu mir steht;
        der in den dunklen Stunden mir verbunden.
        Ich wart', dass einer mit mir geht.

1. Spr.: Es heißt, dass einer mit mir geht;
der's Leben kennt, der mich versteht;
der mich zu allen Zeiten kann geleiten.
Es heißt, dass einer mit mir geht.

2. Spr.: Sie nennen ihn den Herren Christ,
der durch den Tod gegangen ist.
Er will durch Leid und Freuden uns geleiten.
Ich möcht', dass er auch mit mir geht.

TEXT: HANNS KÖBLER © BY GUSTAV BOSSE VERLAG, KASSEL

Und Gott antwortet:

1. Spr.: Hab keine Angst, denn ich erlöse dich.
Ich rufe dich beim Namen, du bist mein.

2. Spr.: Für diese Welt ist ein Leben zu Ende,
für den, der glaubt, hat ein Leben begonnen.
Jetzt weinen wir, da wir ihn nicht mehr haben,
der unser war und den wir nicht mehr sehen.

1. Spr.: Wir suchen ihn bei dem Schöpfer des Lebens,
denn er hat uns diesen Menschen gegeben.
Er gab ihn uns und er hat ihn genommen,
wir danken Gott, dass er unser gewesen.

2. Spr.: Hab keine Angst, denn ich erlöse dich.
Ich rufe dich beim Namen, du bist mein.

1. Spr.: Auch wer da stirbt, bleibt in unserer Mitte,
er geht voraus, und wir werden ihm folgen.
So sterben wir, um verwandelt zu werden,
und unser Gott wird uns rufen zum Leben.

2. Spr.: Hab keine Angst, denn ich erlöse dich.
Ich rufe dich beim Namen, mein bist du.

LOTHAR ZENETTI

Oder: (statt: Gott antwortet …) wir beten abwechselnd im Vertrauen auf Gott: »Der Herr ist mein Hirt …« (GL 718)

Rosenkranzgebet

Wir greifen zum Schluss noch einmal nach den Perlen des Gebetes. Der Maria in den Himmel holte, kann auch uns an die Hand nehmen. Wir beten das *Gesätz:* »*… Jesus, der dich, o Jungfrau, in den Himmel aufgenommen hat*«.

Vater unser im Himmel,
geheiligt werde dein Name. Dein Reich komme.
Dein Wille geschehe, wie im Himmel so auf Erden.
Alle: Unser tägliches Brot gib uns heute.
Und vergib uns unsere Schuld,
wie auch wir vergeben unsern Schuldigern.
Und führe uns nicht in Versuchung,
sondern erlöse uns von dem Bösen. Amen.

(5-mal!)
Gegrüßet seist du, Maria,
voll der Gnade, der Herr ist mit dir.
Du bist gebenedeit unter den Frauen,
und gebenedeit ist die Frucht deines Leibes, Jesus,
der dich, o Jungfrau, in den Himmel aufgenommen hat.
Alle: Heilige Maria, Mutter Gottes, bitte für uns Sünder
jetzt und in der Stunde unseres Todes. Amen.

Abschluss

Ehre sei dem Vater und dem Sohn und dem Heiligen Geist,
Alle: wie im Anfang, so auch jetzt und alle Zeit und in Ewigkeit. Amen.

Segen

So segne die/den Verstorbene/n und uns der barmherzige Gott: der Vater und der Sohn und der Heilige Geist.

Entlassgruß
Gehet hin in Frieden!
Alle: Dank sei Gott, dem Herrn.

Eventuell Schlusslied
Maria, breit den Mantel aus (GL 595)

Hinweis
Dauer: ca. 25 Minuten mit Liedern (ohne Alternativen).

b) Bei einem plötzlichen Tod

Hinweise
- Geeignete Bilder, die ein Kreuz zeigen. Das Kreuz, nach rechts oder links gedreht, wird zum X, das all unsre Pläne durchkreuzt. Wer aber lange genug hinschaut, kann das große Plus erkennen, das uns im Kreuz geschenkt ist.
- Bitte kürzen: In der Ihnen hier vorliegenden Fassung dauert der Gottesdienst ca. 40 Minuten (außer den Alternativen).

Lied zu Beginn
Wohin soll ich mich wenden (Schubert-Messe)
Wir sind nur Gast auf Erden (GL 656, 1–3)
Christ ist erstanden (GL 213, 1–3)

Begrüßung
Im Namen des Vaters ...
In dieser Stunde der Trauer haben wir uns versammelt, um mit unserer Ohnmacht vor der Macht des Todes ein wenig besser fertig zu werden. Das gelingt am besten, wenn wir dabei – inmitten all unserer Zweifel an einen barmherzigen Vater – doch auf Gott schauen.

I. Die Tränen

Wir brauchen uns der Tränen nicht zu schämen. Wir dürfen die Trauer auch nicht mit dem Glauben abkürzen wollen. Aber wir können mit dem Glauben anders durch die Trauer hindurchgehen.

Immer wenn wir weinen, können wir darüber nachdenken: Sind es Tränen der Bestürzung und des Schocks? Also Tränen über uns selbst? Sind es Tränen über einen Menschen, der uns sehr nahestand und den wir jetzt nicht mehr unter uns haben? Oder sind es Tränen über N. und N., die jetzt mit einem leeren Platz an ihrer Seite fertig werden müssen?

Es ist wichtig, dass wir weinen können und nicht hart wie Stahl sein wollen, liebe Männer! Dazu die Gedanken der im Jahre 2003 verstorbenen Theologin Dorothee Sölle:

> Schenk mir die Gabe der Tränen, Gott!
> Wasche meine falsche Erziehung ab,
> damit ich mich nicht mehr meiner Tränen schäme.
> Lass mich nicht mehr alles verschweigen.
>
> Wie kann ich trösten, wenn ich vergessen habe,
> warum und wie man weint?
> Schenke mir die Worte, den zu erreichen,
> der neben mir weint.

Auch der Volksmund weiß schon aus Erfahrung:

> Augen, die geweint haben, sehen besser. – – –
> Tränen zerbrechen die Mauern des Schweigens. – – –
>
> Die Seele würde keinen Regenbogen haben,
> hätten die Augen keine Tränen. – – –
> Darum, Herr, schenke mir die Gabe der Tränen! – *Stille*

Rosenkranzgebet

Wir beten für alle, die mit einem Leid nicht fertig werden können, das *Gesätz vom schmerzhaften Rosenkranz* mit dem Zusatz: »*... der für uns Blut geschwitzt hat*«. Wir beten fünf Ave Maria.

Vater unser im Himmel,
geheiligt werde dein Name. Dein Reich komme.
Dein Wille geschehe, wie im Himmel so auf Erden.
Alle: Unser tägliches Brot gib uns heute.
Und vergib uns unsere Schuld,
wie auch wir vergeben unsern Schuldigern.
Und führe uns nicht in Versuchung,
sondern erlöse uns von dem Bösen. Amen.

Gegrüßet seist du, Maria,
voll der Gnade, der Herr ist mit dir.
Du bist gebenedeit unter den Frauen,
und gebenedeit ist die Frucht deines Leibes, Jesus,
der für uns Blut geschwitzt hat.
Alle: Heilige Maria, Mutter Gottes, bitte für uns Sünder
jetzt und in der Stunde unseres Todes. Amen.

Abschluss
Ehre sei dem Vater und dem Sohn und dem Heiligen Geist,
Alle: wie im Anfang, so auch jetzt und alle Zeit und in Ewigkeit. Amen.

Lied
Lass die kleinen Dinge (Tr 166)

II. Betroffen vom plötzlichen Tod
Wir alle sind betroffen vom plötzlichen Tod des/der N.N. Es fällt uns schwer, jetzt an einen gnädigen Gott zu glauben. Einer hat es einmal so ausgedrückt:
> Manchmal kennen wir Gottes Willen,
> manchmal kennen wir nichts …
> (GL 299 oder Tr 671)

Aus dem Lukasevangelium
Jesus ging zum Ölberg. Seine Jünger folgten ihm. Er entfernte sich ungefähr einen Steinwurf weit von ihnen, kniete nieder und betete: Vater, wenn du willst, nimm diesen Kelch von mir! Aber nicht mein, sondern dein Wille soll geschehen. Da erschien ihm ein Engel vom Himmel und gab ihm (neue) Kraft. Und er betete in seiner Angst noch inständiger, und sein Schweiß war wie Blut, das auf die Erde tropfte. (Lk 22,39–44)
– Stille –

Es ist schwer für jeden Menschen, sich in den Willen Gottes zu fügen:
Wir beten gemeinsam aus dem Gotteslob die Nr. 621: Ich steh vor dir ...
1–3 *(langsam!)*

Lied
Herr, gib uns Mut (GL 521, erweitert in Tr 163)

Rosenkranzgebet
Wir beten das *Gesätz vom schmerzhaften Rosenkranz:* »... *der für uns das schwere Kreuz getragen hat*«.

Vater unser im Himmel,
geheiligt werde dein Name. Dein Reich komme.
Dein Wille geschehe, wie im Himmel so auf Erden.
Alle: Unser tägliches Brot gib uns heute.
Und vergib uns unsere Schuld,
wie auch wir vergeben unsern Schuldigern.
Und führe uns nicht in Versuchung,
sondern erlöse uns von dem Bösen. Amen.

(5-mal)
Gegrüßet seist du, Maria,
voll der Gnade, der Herr ist mit dir.
Du bist gebenedeit unter den Frauen,
und gebenedeit ist die Frucht deines Leibes, Jesus,

der für uns das schwere Kreuz getragen hat.
Alle: Heilige Maria, Mutter Gottes, bitte für uns Sünder
jetzt und in der Stunde unseres Todes. Amen.

Abschluss
Ehre sei dem Vater und dem Sohn und dem Heiligen Geist,
Alle: wie im Anfang, so auch jetzt und alle Zeit und in Ewigkeit. Amen.

III. Wenn wir gewusst hätten

Wenn wir gewusst hätten,
wie sehr du uns fehlen würdest, N.N.,
hätten wir dir noch öfter gesagt, wie sehr wir dich brauchen.
Wenn wir geahnt hätten, wie traurig wir sein würden,
hätten wir noch mehr zusammen gelacht.
Wenn uns jemand gesagt hätte,
wie viele Fragen offen bleiben würden,
hätten wir noch mehr von uns erzählt.

Wenn uns klar gewesen wäre,
wie kurz du mit uns zusammen sein würdest,
hätten wir die Zeit noch besser genutzt.
Jetzt überlassen wir dich den Händen Gottes
und wissen dich uns weiter ganz nahe.

Oder:

Überdenk ich die Zeit,
überdenk ich die viele Zeit,
die ich hab, kann sein:
morgen ist es zu spät.

Genieß ich das Glück,
genieß ich das kleine Glück
hierzuland, kann sein:
morgen ist es zu spät.

Denk ich der Freunde,
denk ich der guten Freunde,
die ich hab, kann sein:
morgen ist es zu spät.

Bleibt mir doch Zeit,
bleibt mir doch Zeit genug,
sie zu lieben, kann sein:
morgen ist es zu spät.

CHRISTA WEISS, © BY GUSTAV BOSSE VERLAG, KASSEL

Oder:

Wenn du das Ende kennst,
setz alles,
setz alles auf eine Karte,
wenn du das Ende kennst.

Wenn du die Lage kennst,
zieh immer,
zieh immer die Konsequenzen,
wenn du die Lage kennst.

Wenn du die Worte kennst,
verbrenne,
verbrenne dir deine Zunge,
wenn du die Worte kennst.

Wenn du die Wahrheit kennst,
schenk allen,
schenk allen den reinen Wein ein,
wenn du die Wahrheit kennst.

WOLFGANG FIETKAU

Oder:

Gedanken eines fragenden, zweifelnden Menschen

... Jahre hat sie bekommen –
Der Mann in der Nachbarstraße, gelähmt,
zweiundachtzig bis jetzt.
Er betet seit Jahren um seinen Tod.
... Jahre im Ganzen für sie.

Dein Maßstab, Herr, tötet mich fast.

Ich weiß nicht, warum du »Vater« heißt?
Ob dein Himmel ihre Liebe birgt, wenn die Kinder fragen?
Ich weiß nicht, warum ich bitten soll »Schenk ihr die ewige Freude!«?
Sie wollte mit uns noch vieles erleben.
Ich weiß nicht, ob ihre Hände
zuletzt deinen Willen erfassten. – – –

Ich weiß nicht, warum ich plötzlich an Ostern denke.
Der da auferstand, war 33.

Oder:
Wir beten gemeinsam: Wir werden leben, überleben ... (Tr 695)

Lied
Meine Zeit steht in deinen Händen (Tr 759)

IV. Wir glauben an die Auferstehung
Die/der Verstorbene könnte sprechen, wie wir es manchmal auf Todesanzeigen lesen:

Ich bin in das Zimmer nebenan gegangen.
Das, was ich für euch war, bin ich immer noch.
Gebt mir den Namen, den ihr mir gegeben habt.
Sprecht mit mir, wie ihr es immer getan habt.
Gebraucht nie eine andere Redeweise,
seid nicht feierlich oder traurig;
lacht weiter über das, worüber wir gemeinsam gelacht haben.
Betet, lacht, denkt an mich!

Warum soll ich nicht mehr in euren Gedanken sein,
nur weil ich nicht mehr in eurem Blickfeld bin?
Ich bin nicht weit weg.
Ich bin nur auf der anderen Seite des Weges.

CHARLES PÉGUY

Unser Glaube bestärkt das. Wir lesen schon im Buch der Weisheit, das vor Jesus niedergeschrieben wurde:

> Die Seelen der Gerechten sind in Gottes Hand und keine Qual kann sie berühren. In den Augen der Toren sind sie gestorben. Ihr Heimgang gilt als Unglück, ihr Scheiden von uns als Vernichtung; aber sie sind im Frieden. In den Augen der Menschen wurden sie gestraft; doch ihre Hoffnung ist voll Unsterblichkeit. Ein wenig nur werden sie gezüchtigt; doch sie empfangen große Wohltat. Denn Gott hat sie geprüft und fand sie seiner würdig. Wie Gold im Schmelzofen hat er sie erprobt und sie angenommen als vollgültiges Opfer. Alle, die auf ihn vertrauen, werden die Wahrheit erkennen. Und die Treuen werden bei ihm bleiben in Liebe. (Weish 3,1–6.9a)

Deutlicher steht es bei Paulus im Römerbrief:

> Christus Jesus, der gestorben ist, mehr noch: der auferweckt wurde, sitzt zur Rechten Gottes und tritt für uns ein. Was kann uns scheiden von der Liebe Christi? Bedrängnis oder Not oder Verfolgung, Hunger oder Kälte, Gefahr oder Schwert? All das überwinden wir durch den, der uns geliebt hat. Denn ich bin gewiss: Weder Tod noch Leben, weder Engel noch Mächte, weder Gegenwärtiges noch Zukünftiges, weder Gewalten der Höhe oder Tiefe noch irgendeine andere Kreatur können uns scheiden von der Liebe Gottes, die in Jesus Christus ist, unserem Herrn. (Röm 8,34–35.37–39)

Oder:

> Wisst ihr nicht, dass wir, die wir auf Christus Jesus getauft wurden, auf seinen Tod getauft worden sind? Wir wurden mit ihm begraben durch die Taufe auf den Tod, und wie Christus durch die Herrlichkeit

des Vaters von den Toten auferweckt wurde, so sollen auch wir als neue Menschen leben. Sind wir nun mit Christus gestorben, so glauben wir, dass wir auch mit ihm leben werden. (Röm 6.3–4.8)
(Wir beten abwechselnd aus dem Gotteslob die Nr. 718: »Der Herr ist mein Hirte …«)

Rosenkranzgebet
Wir beten das *erste Gesätz vom glorreichen Rosenkranz:* »*… der von den Toten auferstanden ist*«.

Vater unser im Himmel,
geheiligt werde dein Name. Dein Reich komme.
Dein Wille geschehe, wie im Himmel so auf Erden.
Alle: Unser tägliches Brot gib uns heute.
Und vergib uns unsere Schuld,
wie auch wir vergeben unsern Schuldigern.
Und führe uns nicht in Versuchung,
sondern erlöse uns von dem Bösen. Amen.

(5-mal)
Gegrüßet seist du, Maria,
voll der Gnade, der Herr ist mit dir.
Du bist gebenedeit unter den Frauen,
und gebenedeit ist die Frucht deines Leibes, Jesus,
der von den Toten auferstanden ist.
Alle: Heilige Maria, Mutter Gottes, bitte für uns Sünder
jetzt und in der Stunde unseres Todes. Amen.

Abschluss
Ehre sei dem Vater und dem Sohn und dem Heiligen Geist,
Alle: wie im Anfang, so auch jetzt und alle Zeit und in Ewigkeit. Amen.

Lied
Von guten Mächten (Tr 717, 1+2)

V. Es aushalten und durchhalten

Dietrich Bonhoeffer, von dem wir eben ein im Angesicht des Todes geschriebenes Glaubensbekenntnis gesungen haben, sagt an einer anderen Stelle in seinen Schriften:

> Es gibt nichts, was uns die Abwesenheit eines lieben Menschen ersetzen kann, und man soll das auch gar nicht versuchen. Man muss es einfach aushalten und durchhalten. Das klingt zunächst sehr hart, aber es ist doch zugleich ein großer Trost; denn indem die Lücke wirklich unausgefüllt bleibt, bleibt man durch sie miteinander verbunden. Es ist verkehrt, wenn man sagt, Gott füllt die Lücke aus; er füllt sie gar nicht aus, sondern er hält sie vielmehr gerade unausgefüllt und hilft uns dadurch, unsere echte Gemeinschaft miteinander – wenn auch unter Schmerzen – zu bewahren. – *Stille.*

Wir können leichter durchhalten mit dem Blick auf das, was uns versprochen ist. Es steht im letzten Buch der Bibel:
Ich hörte eine laute Stimme vom Thron her rufen: Er wird alle Tränen von ihren Augen abwischen: Der Tod wird nicht mehr sein, keine Trauer, keine Klage, keine Mühsal. Denn was früher war, ist vergangen.
Er, der auf dem Thron saß, sprach: Seht, ich mache alles neu. Ich bin das Alpha und das Omega, der Anfang und das Ende. Wer durstig ist, den werde ich umsonst aus der Quelle trinken lassen, aus der das Wasser des Lebens strömt. Wer siegt, wird dies als Anteil erhalten: Ich werde sein Gott sein, und er wird mein Sohn (meine Tochter) sein. (nach Offb 21,3–7)

Lied
Christ ist erstanden (GL 213)
oder ein Marienlied: Maria, breit den Mantel aus (GL 595)

Segen
So segne die/den Verstorbene/n und uns der barmherzige Gott: der Vater und der Sohn und der Heilige Geist. Amen.

Entlassgruß

Gehet hin in Frieden.

Alle: Dank sei Gott, dem Herrn.

5. Texte für ein Abschiedsritual bei totgeborenen Kindern

Ein persönliches Wort zum Beginn
Beides ist heute zusammengefallen:
Leben schenken und Leben hergeben,
Leben bekommen und Leben verlieren.
Es zerreißt uns, Leben loslassen zu müssen.
Und doch soll auch dieses Kind eingeschrieben sein in Gottes Zukunft.
Beides, unsere Trauer und die Segnung Ihres Kindes, soll in dieser Feier zu Wort kommen. Gottes Hand möge uns dabei führen.

Gebet
Herr, unser Gott!
Wir stehen vor dir mit unendlich leeren Händen.
Alle Hoffnungen und Sehnsüchte,
alle Erwartungen und Wünsche haben sich nicht erfüllt.
Unser erwartetes Glück zerfließt in Tränen.
Wir halten dir unsere Hände entgegen,
jetzt nur gefüllt mit Trauer, Wut, ja Zorn.
Aber letztlich bleibt nur Ohnmacht.
Diese Hände wollten Geborgenheit und Zärtlichkeit schenken,
aber alle Kraft ist jetzt herausgeflossen.
Wir wollten erzählen von unserer Liebe und sie weitergeben,
aber jetzt können wir in all unserem Schmerz nur bitten:
Halte deine schützenden Hände über N.N.
Und über uns, damit wir nicht verzweifeln.

Lesung aus dem Buch des Propheten Jesaja
Du klagst: Der Herr hat mich verlassen, Gott hat mich vergessen.
Aber Gott spricht:
Kann denn eine Frau ihr Kindlein vergessen,
eine Mutter ihren leiblichen Sohn?

Und selbst, wenn sie ihn vergessen würde:
Ich vergesse dich nicht!
Sieh her, spricht Gott: Ich habe dich eingezeichnet in meine Hände.

NACH JES 49,14-16A

Evangelium nach Matthäus
Einmal rief Jesus ein Kind herbei, stellte es in die Mitte der Jünger und sagte: Amen, das sage ich euch: Wer so klein sein kann wie dieses Kind, der ist im Himmelreich der Größte. Hütet euch davor, einen von diesen Kleinen zu verachten! Denn ich sage euch: Ihre Engel im Himmel sehen stets das Angesicht meines himmlischen Vaters. (nach Mt 18,2.4.10)

Text
Still. Seid leise!
Es waren Engel auf der Reise.
Sie wollten ganz kurz bei euch sein.
Warum sie gingen, weiß Gott allein.

Sie kamen von Gott.
Dort sind sie wieder.
Wollten nicht auf unsre Erde nieder.

Ein Hauch nur bleibt von ihnen zurück,
in eurem Herz ein großes Stück.
Sie werden jetzt immer bei euch sein.
Vergesst sie nicht, sie waren so klein.

Geht nun ein Wind, an mildem Tag,
so denkt, es war ihr Flügelschlag.

Und wenn ihr fragt,
wo mögen sie sein?
Ein Engel ist niemals allein!

Sie können jetzt alle Farben sehn,
und barfuss durch die Wolken geh'n!

Vielleicht lassen sie sich hin und wieder
bei unseren Engelkindern nieder.

Und wenn ihr sie auch sehr vermisst –
und weint, weil sie nicht bei euch sind,
so denkt, im Himmel, wo es sie nun gibt,
erzählen sie stolz:
Wir werden geliebt.

DAPHNE

Alternativ dazu:

Jetzt bist du schon gegangen, Kind,
und hast vom Leben nichts erfahren.
Indes in unsern welken Jahren
wir Alten noch gefangen sind.
Ein Atemzug, ein Augenspiel,
der Erde Licht und Luft zu schmecken,
war dir genug und schon so viel!
Du schliefest ein; nicht mehr zu wecken.
Vielleicht in diesem Hauch und Blick
sind alle Spiele, alle Mienen
des ganzen Lebens dir erschienen.
Erschrocken ziehst du dich zurück.
Vielleicht, wenn unsre Augen, Kind,
einmal erloschen, wird uns scheinen,
sie hätten von der Erde, Kind,
nicht mehr gesehen als die deinen.

HERMANN HESSE

Alternativ dazu:

… an mein totgeborenes Kind …:

Du warst ein Kind der Hoffnung.
Unsere Liebe umhüllte dich.
Unsere Fantasie schmückte dein Leben aus.
Du warst ein Kind der Freude.

Wie eine Blüte ging unser Herz auf,
denn wir erwarteten dich voll Sehnsucht.

Du warst ein Kind des Lebens.
Wir wollten unser Leben weitergeben
und uns selbst beschenken lassen.

Du bleibst unser Kind.
Doch du bist ein Kind der Sehnsucht,
das zu einem Kind der Trauer wurde.

Du hast sie nicht gesehen,
den Sonnenglanz und die Mondsichel.
Du hast nicht in unsere leuchtenden Augen geschaut.

Nun aber siehst du das Licht:
Das strahlende, wärmende Licht
der Liebe Gottes.
Auch du wohnst im Hause Gottes,
wo viele Wohnungen sind.

Du bist gesegnet,
du Kind der Hoffnung, der Freude
und des Lebens.
Und mit dir ist gesegnet
unsere Trauer um dich,
du Kind bei Gott.

HANNA STRACK

Segen mit geweihtem Wasser
über das Kind und alle Anwesenden.

Schlussgedicht

Du warst nur Gast in meinem Leben,
gingst mit mir ein sehr kurzes Stück,
doch hast du mir so viel gegeben,

wie gern dreh ich die Zeit zurück!
Du reistest aber eilig weiter
in jenes Land dort hinterm Wind.
Vielleicht bist du mein Wegbereiter
zu unser aller Ziel, mein Kind.

MONA 2

6. Schriftstellenverzeichnis

Die Spruchweisheiten aus der Heiligen Schrift sind hier nicht berücksichtigt, auch nicht die synoptischen Parallelstellen.

Genesis
8,6–12   25
9,12–17   22

Exodus
7,12   11
14,16–31   11, 17

Numeri
21,4–9   7
24,17   35

Psalmen
23   29, 36
71   49
103,8–17   nach 60

Jesaja
25, 8–9   48
49,14–17   12, Abschiedsritual
66,10–14   37, 51, 58

Ijob
19,1.25–27 10

Hohelied
8,6–7   39

Weisheit
3,1–9a   42, Totenwache (2 x)
4,7–15   47

Jesus Sirach
17,26–32   57

Matthäus
2,2   35
2,11   35
5,1–12a   17, 50
5,14–16   21
8,23–27   33
11,28–29   46
14,22–33   3, 33
16, 24–27   59
18,2.4.10   Abschiedsritual
18,10–14   58
22,8–12   18
25,1–13   43-45
25,31–40   47

Markus
10,13–16   37, 58

Lukas
1,47–50   50
7,11–16   11, Totenwache
12,36f   32
13,23f   43
15,16   11
15,11–32   34
22,39–44   Totenwache
23,33–43   10
23,44–46   48
24,1–10   12, 48
24,13–35   29, 41, 60

Johannes
3,14–18   7-9, 23, 55
6,37–40   22, nach 60

8,12	1, 21, 31, 35	*Philipper*	
10,7–9	43, 44	3,20–21	21, 23, 24
11,17–27	4, 5, 13, 26, 52	4,4–9	45
11,32–40	38		
12,24–26	6, 8, 20, 21, 26, 27, 57	*Kolosser*	
14,1–6	2, 14, 29–31, 40, 51, 56, nach 60	2,12–14	1, 9
		3,1–4	41
15,9–17	15, 16, 28, 30, 36, 39, 42	3,12–15	45
16,20	58		
17,24–26	24, 49, 53, 54	*1 Thessalonicher*	
20,11–18	19	4,13–18	46
20,19–23	25		
		2 Timotheus	
Römer		4,7–8	53
6,3–8	17, 33, Totenwache (2x)		
8,14–18	36, nach 60	*1 Petrus*	
8,31–39	15, Totenwache (2x)	1,3–9	3, 55
1 Korinther		*1 Johannes*	
13,4–8a.13	4, 16, 28	3,1–2	34, 38
15,12–22	11	3,14–16	6, 13, 23, 45, 50, 56
15,42–44	19		
15,51–58	20, 55	*Offenbarung*	
		1,12–18	2, 35
2 Korinther		3,20–21	44
4,6–11	60	5,7–10	49
5,1–10	27, 30	7,2–14	18, 53, 54
12,7–10	59	14,13	52
		20,11–15	16
Epheser		21,2–7	14, 32, 33, 58, Totenwache
5,8–14	31	21,18–27	40, 43
		22,1–5	5, 26

Quellennachweis

Trotz aller Bemühungen gelang es nicht immer, eine genaue Quelle ausfindig zu machen. Für eventuelle Hinweise sind wir dankbar.

Die Bibeltexte sind der Einheitsübersetzung der Heiligen Schrift entnommen. © 1980 Katholische Bibelanstalt, Stuttgart.

S. 125: Lothar Zenetti, Auf die Frage, aus: Ders., Auf Seiner Spur. Texte gläubiger Zuversicht, Topos plus 327, © Matthias-Grünewald-Verlag der Schwabenverlag AG, Ostfildern, 4. Auflage 2006, S. 148.

S. 127: Dietrich Bonhoeffer, Es gibt nichts ..., aus: Dietrich Bonhoeffer, Widerstand und Ergebung © by Gütersloher Verlagshaus, Gütersloh, in der Verlagsgruppppe Random House GmbH, München.

S. 131: Dietrich Bonhoeffer, Von guten Mächten ..., aus: Dietrich Bonhoeffer, Widerstand und Ergebung © by Gütersloher Verlagshaus, Gütersloh, in der Verlagsgruppppe Random House GmbH, München.

S. 146f: Lothar Zenetti, Lied zur Beerdigung, aus: Ders., Auf Seiner Spur. Texte gläubiger Zuversicht, Topos plus 327, © Matthias-Grünewald-Verlag der Schwabenverlag AG, Ostfildern, 4. Auflage 2006, S. 194.

S. 149f: Lothar Zenetti, Hoffnung, aus: Ders. Auf Seiner Spur, Texte gläubiger Zuversicht, Topos plus 327, © Matthias-Grünewald-Verlag der Schwabenverlag AG, Ostfildern, 4. Auflage 2006, S. 187.

S. 150f: Lothar Zenetti, Immerhin, aus: Ders., In Seiner Nähe. Texte des Vertrauens, Topos plus 431, © Matthias-Grünewald-Verlag, Mainz 2002, S. 10.

S. 152f: Ich möcht', dass einer mit mir geht. Text: Hanns Köbler © Gustav Bosse Verlag, Kassel.

S. 153: Lothar Zenetti, Hab keine Angst, aus: Ders., Auf Seiner Spur, Texte gläubiger Zuversicht, Topos plus 327, © Matthias-Grünewald-Verlag der Schwabenverlag AG, Ostfildern, 4. Auflage 2006, S. 196.

S. 159f: Überdenk ich die Zeit. Text: Christa Weiss © Gustav Bosse Verlag, Kassel.

S. 160: Wolfgang Fietkau, Wenn du das Ende kennst. © Wolfgang Fietkau, Kleinmachnow.

S. 168: Hermann Hesse, Auf den Tod eines kleinen Kindes, in Hermann Hesse, Sämtliche Werke, Band 10, Die Gedichte, © Suhrkamp Verlag, Frankfurt am Main 2002.

S. 168f: Hanna Strack, ... an mein totgeborenes Kind © Hanna Strack, www.hanna-strack.de.

Zeichnungen:
S. 13, 46, 62, 63, 73, 76, 85, 87, 102, 109: Marina Schlang
S. 54, 92: Karl Heinz Hamacher

Weitere Symbolpredigten

Willi Hoffsümmer
2 x 37 Symbolpredigten
Mit Gegenständen aus dem Alltag

Format 14,7 x 20,5 cm
212 Seiten
Paperback
ISBN 978-3-7867-2751-4

Symbole gehören für den bekannten Pfarrer und Autor Willi Hoffsümmer zu den wichtigsten Elementen seiner Verkündigung. Anhand von Gegenständen aus dem Alltag wie beispielsweise Weihnachtsbaum, Luftschlange, Pullover, Rose und Salz wird die Botschaft der Bibel lebendig. Solche anschaulichen Predigten eignen sich besonders für Gottesdienste, in denen alle Altersgruppen vertreten sind. 74 erprobte Predigtideen hat der Autor für diesen Band nach Themen des Kirchenjahres geordnet und häufig mit weiteren Gottesdienstelementen ergänzt.
Eine Fülle von Anregungen für alle, die Gottesdienste vorbereiten und inspirierende Ideen suchen.

Matthias-Grünewald-Verlag
der Schwabenverlag AG
www.gruenewaldverlag.de